论语

微阅读

马喜千 / 主编

袁安岭　王　伟 / 副主编

李　波 / 漫画

山东人民出版社 · 济南

国家一级出版社　全国百佳图书出版单位

图书在版编目（CIP）数据

论语微阅读/马喜千主编.--济南：山东人民出版社，2019.9（2022.1重印）
ISBN 978-7-209-12261-0

Ⅰ．①论… Ⅱ．①马… Ⅲ．①儒家 ②《论语》－通俗读物 Ⅳ．①B222.2-49

中国版本图书馆CIP数据核字(2019)第180714号

论语微阅读

LUNYU WEIYUEDU

马喜千 主编

主管单位 山东出版传媒股份有限公司
出版发行 山东人民出版社
出 版 人 胡长青
社 址 济南市舜耕路517号
邮 编 250003
电 话 总编室（0531）82098914
 市场部（0531）82098965
网 址 http://www.sd-book.com.cn
印 装 山东新华印务有限公司
经 销 新华书店

规 格 16开（165mm×230mm）
印 张 23
字 数 250千字
版 次 2019年9月第1版
印 次 2022年1月第3次
ISBN 978-7-209-12261-0
定 价 39.00元
 如有印装质量问题，请与出版社总编室联系调换。

前　言

　　论语微阅读，是段子论语，是朋友圈论语，是百姓论语，而非学者论语。

　　微信朋友圈，已经是现代人的生活圈，在朋友圈里发话发文已经成了许多人的生活方式。段子大概是一般朋友圈里的主菜。段子轻松幽默，就是图个乐呵（hē）。《论语微阅读》，在编著的过程中，我渐渐就有了让其进朋友圈的想法。

　　《论语微阅读》不是学术研究，没有考据，没有集注，只有一个"鹦鹉学舌"般的"似非而是"的大意，再加一个编者自由发挥的"画蛇添足"。

　　《论语》共20章492篇，《论语微阅读》选取其中比较平易近人的333篇。

　　如果孔子、孟子、老子、庄子等诸子百家走下神坛，走进朋友圈，会是何等气象？

马喜千

2018年12月12日星期三于济南家中

目　录

学而·学而时习

子曰：学而时习之，不亦说（yuè）乎？有朋自远方来，不亦乐乎？人不知而不愠，不亦君子乎？

鹦鹉学舌　学了又时常温习和练习，不是一件很愉悦的事吗？有好朋友自远方来，不是一件很快乐的事吗？人不了解我，我也不生气，不也是很有修养的吗？

画蛇添足　孔子母亲孕孔子时曾祈祷于尼丘山，所以孔子名丘，字仲尼。孔子年少家贫，生活极其艰难，那时没有学校，也没有现在这样的书——"学富五车"之"五车竹简"之书，也不抵现在半本纸书。孤儿寡母的，抛开学费不讲，上哪里学？跟谁学？学什么？教材在哪里？……都是问题。可见，孔子能成为中国历史上无人能出其右的一代文化至圣宗师，是多么不易；也可见孔子是多么聪明，多么好学，多么能学，多么会学！

学而·其为人也

有子曰：其为人也孝弟（悌），而好犯上者，鲜矣；不好犯上，而好作乱者，未之有也。

鹦鹉学舌 有子说：孝父母，爱兄弟，而好犯上者，这样的人是很少有的；不好犯上，而好造反作乱的，这样的人是没有的。

画蛇添足 有子，姓有，名若，字子有，孔子的学生。有子面似孔子。孔子死，弟子思念先师，就像尊孔子一样尊有子为师。后有弟子提出几个问题，有子不能回答，遂被逐下"师位"。有子故里在今山东省肥城市有家庄，有子墓在曲阜南郊的南泉村东。在《论语》中，孔子的学生大都称其字，也有称其名的，也有字与名并用的，而唯有曾参和有若，是姓加子，分别称其为曾子和有子。"子"是弟子及弟子之弟子对孔子的专用尊称，所以有人怀疑《论语》是曾子或有子的弟子们所作。《论语》开篇是孔子的"学而时习之"，紧随其后就是有子的"其为人也孝弟"，第三篇又是孔子之语，而第四篇就是曾子的"吾日三省"，所以怀疑《论语》是有子或曾子的弟子所作是有道理的。

学而·巧言令色

子曰：巧言令色，鲜矣仁。

鹦鹉学舌　孔子说：善于花言巧语、饰以颜色者，仁慈之心就很少了。

画蛇添足　巧言令色，作为一个成语，典出《尚书》，在《论语》中孔子至少两次引用。历史一再证明，孔子之言是多么正确，然而过去是、现在是、将来仍然是——作为领导者又往往被巧言令色者所迷，不过历史也一再证明：巧言令色者永远迷不了历史，永远迷不了人民群众，永远迷不了旁观者。

大人，
小的生是您的人，
死是您的鬼！

学而·吾日三省

曾子曰：吾日三省吾身——为人谋而不忠乎？与朋友交而不信乎？传不习乎？

鹦鹉学舌　曾子说：我每天多次反省自己——为他人谋划我尽心尽力了吗？与朋友交往我诚实守信了吗？老师所传之道我实践了吗？

画蛇添足　曾子，姓曾，名参，字子舆，今山东省嘉祥县人。《大学》及《孝经》为曾子所作。在中国，"曾子杀猪"的故事几乎妇孺皆知。故事说的是曾子之妻去赶集，其子哭闹着要跟着，其妻便对其子说：听话，在家，回来咱杀猪吃肉。妻子赶集回来，曾子真去杀猪。其妻说，我本是哄孩子的话，你岂能当真？曾子说，孩子怎么能哄骗？今天你骗了他，以后他怎么相信你的话？以后我们还怎么教育孩子？所以曾子最终还是把猪杀了。

可见曾子与人忠，与朋友信，在家也是如此；可见他在日常生活中也是天天省、时时省、事事省。

学而·弟子入则孝

子曰：弟子，入则孝，出则弟（悌），谨而信，泛爱众，而亲仁。行有馀力，则以学文。

鹦鹉学舌 孔子说：年轻人在家要孝顺父母，出外要敬重师长，说话要谨慎有信，友爱众人，亲近仁人。在完成本职工作后如果还有精力，就要好好学习文化知识。

画蛇添足 孔子为什么出于鲁？时下"段子"飞，但不管什么"段子"，对山东人的整体评价，为什么又大都是正面和肯定的？

讲到中国传统文化，有两个里程碑式的人物，周公是一个，孔子是一个。周公是中国传统文化的集大成者，孔子是中国传统文化的总编辑。武王灭商统一中国后，周公亲自制礼制乐制典，奠定了中国文化的基本框架。周公，姓姬，名旦，封于鲁，但因忙于国政，无暇赴任，就派其长子伯禽代为执掌鲁国。临行时，周公对儿子说，我作为文王的儿子，武王的弟弟，成王的叔叔，然而我都能"一沐三握发，

一饭三吐哺"——我正在洗澡，客人来了，我绾起头发就见，常常如此几番才把澡洗完；我正在吃饭，客人来了，我赶紧把饭吐出来，常常如此几番才把饭吃完，"犹恐失天下之贤"，你到鲁国可要勤政，可要礼贤下士啊！成王十三岁即位，由周公辅政，实际上就是代政，当时谣言四起，商朝遗臣也趁机作乱。周公一边应对谣言，一边平定叛乱。天下平定了，成王也二十岁了，周公也还政于侄了。曹操有诗，"周公吐哺，天下归心"，说的就是这段史实。周公不但是中国传统文化的集大成者，还是中国传统人格的集大成者。伯禽作为鲁国第一任国君，得其父周公真传，鲁国真正继承了周朝的文化，所以孔子出于鲁也就顺理成章，儒家文化源于鲁也就水到渠成了。大概鲁人的正直和忠厚，其基因也源于此。

学而·贤贤易色

子夏曰：贤贤易色；事父母，能竭其力；事君，能致其身；与友交，言而有信。虽曰未学，吾必谓之学矣。

鹦鹉学舌 子夏说：看重贤德，而不以女色为重；侍奉父母，能尽心竭力；服务上级，能舍其命；交往朋友，能诚实守信。这样的人即便没什么文凭，我也一定认为他很有学问。

画蛇添足 子夏，姓卜，名商，字子夏，位列孔门十哲，位居七十二贤；今山东省巨野县有其嫡系后人；"仕而优则学，学而优则仕"是其著名主张。孔子死后，子夏步孔子后尘，设坛教学，魏国名相李悝及战国初期著名战将吴起皆为其门生。

学而·君子不重

子曰：君子，不重则不威，学则不固。主忠信，无友不如己者。过则勿惮改。

鹦鹉学舌 孔子说：君子不自重，便没有威严，学习可以使人不闭塞。做人以忠信为本，忠信不如己者，不要向他学习。自己有了过错不要怕改正。

画蛇添足 忠信为本，是孔子的一贯主张，在接下来的《论语》中，孔子还要不厌其烦地教导他的学生，并反反复复地告诫政府官员。"无友不如己者"，孔子在后边也还是要反复告诫弟子，可见孔子极为重视交友。"有朋自远方来，不亦说乎？"那肯定是指志同道合者。至于"过则勿惮改"，孔子也是说个没完。

学而·慎终追远

曾子曰：慎终追远，民德归厚矣。

鹦鹉学舌　曾子说：按礼俗，认真慎重地对待父母的去世，追念久远的祖先，民德自然朴实忠厚。

画蛇添足　曾子言外应该还有一层意思：慎重地对待、怀恋并发扬民族的传统文化，民则德重义厚。

学而·夫子至于是邦

子禽问于子贡曰：夫子至于是邦也，必闻其政，求之与？抑与之与？

子贡曰：夫子温、良、恭、俭、让以得之。夫子之求之也，其诸异乎人之求之与！

鹦鹉学舌　子禽问子贡：咱老师每到一个地方，就能很快了解到当地的国家大事，你说是老师自己打听来的，还是人家自愿告诉他的？

子贡说：咱老师是凭着他崇高的温、良、恭、俭、让的人格魅力得来的。老师之求，不同于常人之求。

画蛇添足　哦，温良恭俭让，是子贡说的呀，我原以为是孔子说的呢！

学而·礼之用

有子曰：礼之用，和为贵。先王之道，斯为美。小大由之，有所不行。知和而和，不以礼节之，亦不可行也。

鹦鹉学舌 有子说：礼制的作用，贵在使人和谐。古代君王的治国之道，就美在这里。但不管什么事都一味地求"和"，也不行。单纯地为和而和，不是以礼法来调和，也不行。

画蛇添足 礼之用，和为贵，用今天的话说，大意应该是：礼义和法制，贵在用来调节各种各样的社会关系，以使社会和谐，家庭和谐，方方面面都和谐。上上下下左左右右前前后后老老少少男男女女，依礼而行；礼行不通，以法来裁，最终达到"礼之用，和为贵"。

学而·贫而无谄

子贡曰：贫而无谄，富而无骄，何如？

子曰：可也。未若贫而乐，富而好礼者也。

鹦鹉学舌 子贡说：贫穷而不谄媚权贵巴结富豪，富有而不骄傲自大，老师，为人能做到这两点，您看如何？

孔子说：为人能做到这两点，我看也算可以了。不过，还不如贫穷而仍然乐于追求道义，富贵而仍然乐于追求礼义之人。

画蛇添足 子贡，复姓端木，名赐，字子贡，卫国（今河南省浚县）人；位居孔门十哲，位列七十二贤。《论语》中子贡占的篇幅不少，后边再陆续介绍子贡其人。

子贡说这话，本认为会得到老师的大加赞扬，没想到老师才勉强给了个及格。

学而·不患人之不己知

子曰：不患人之不己知，患不知人也。

鹦鹉学舌　孔子说：不怕别人不理解自己，就怕自己不理解别人。

画蛇添足　孔子曾讲道："人不知而不愠，不亦君子乎？"这里又讲到，不怕别人不了解自己，就怕自己不理解别人。其实，这只是个努力的方向，要做到很难，孔子自己也做不到。在《论语》中，孔子曾屡发牢骚。在《宪问》篇中，孔子曾感叹："莫我知也夫"——世界如此之大，可是没人了解我呀！不过，圣人就是圣人，孔子也曾多次承认，有些事他只是说说而已，他自己并没做到。

为政·为政以德

子曰：为政以德，譬如北辰，居其所，而众星共之。

鹦鹉学舌 孔子说：国君以德治国理政，就像北斗那样，处在一定位置，周围群星拱卫。

画蛇添足 清华大学校训：自强不息，厚德载物。出自《周易》开篇，原话是："天行健，君子以自强不息；地势坤，君子以厚德载物。"当然，在《周易》中，这两句并不连接，而是分属不同篇目。为政以德之德，在《周易》中，我们的老祖宗讲得就够意味深长的了。民谚曰：有什么别有病，缺什么别缺钱。如果为政能做到缺什么别缺德，这个官当得一般就不会有大的毛病，即便升不上去，也不会被降下来，更不会被革职查办。

为政·诗三百

子曰：诗三百，一言以蔽之，曰：思无邪。

鹦鹉学舌 《诗经》三百篇，用一句话概括，那就是：思想纯正无邪。

画蛇添足 《诗经》是中国古代第一部诗歌总集，共311篇，绝大部分作者已不可考。现在我们看到的《诗经》，是由孔子编订的。

为政·道之以政

子曰：道之以政，齐之以刑，民免而无耻；道之以德，齐之以礼，有耻且格。

鹦鹉学舌 孔子说：以政令治国，以刑罚治民，百姓只求无过，以免于刑处，却难有廉耻之心；以德治国，以礼法教民，百姓不仅有羞耻之心，而且还能自律。

画蛇添足 法令，立竿见影，所以作为当权者，不管嘴上如何讲仁讲道，真正用的时候往往还是法令；而德尽管看起来占有舆论高地，但用的时候往往就被晾在一边。在《论语·子路》中孔子说："善人为邦百年，亦可以胜残去杀矣。"——善人主政，以德治国，历经百年，方可消除残杀，以达社会和谐。而君王在位长则几十年，短则几年，谁有这样的耐心啊！而那些州县长官，执政一方就那么三两年，又急于出政绩，施德耐心何有？只要不施残，也就算有德了。

为政·吾十有五

子曰：吾十有五而志于学，三十而立，四十而不惑，五十而知天命，六十而耳顺，七十而从心所欲不逾矩。

鹦鹉学舌　孔子说：我十五岁时立志学习，三十岁时有所成就，四十岁时遇事不再困惑，五十岁时知道天命不可违，六十岁时能听得进各种意见，七十岁时可从心所欲，却又不越规违礼。

画蛇添足　三十而立，无人不知，四十……五十……六十……七十……凡成年人，即便说不顺溜，也知大体；不怕笑话，我直至六十岁，才知道"三十而立"前边还有一句"吾十有五而志于学"。如果没有这个年少之时的立志于学，哪来的而立、不惑与知天命？更何谈什么耳顺和从心所欲？

为政·子游问孝

子游问孝。子曰：今之孝者，是谓能养。至于犬马，皆能有养，不敬，何以别乎？

鹦鹉学舌 子游向孔子请教，怎样对待父母才算是孝。

孔子说：现在的人认为，能供养父母，就是孝。那么犬马牛羊都能供养，如果不敬重父母，只是供养，那和供养犬马牛羊有何区别呢？

画蛇添足 子游，姓言，名偃，字子游，春秋末期吴国常熟人。位居孔门十哲，位列七十二贤。

孔子说的是他那个时代的"今之孝者"，那么，当下的"今之孝者"又如何呢？有多少人宠狗敬猫已胜过孝敬父母千倍百倍了呢？

为政·子夏问孝

子夏问孝。子曰：色难。有事，弟子服其劳；有酒食，先生馔，曾是以为孝乎？

鹦鹉学舌　子夏向孔子请教，怎样对待父母才算是孝。

孔子说：孝啊，难在对待父母，能从早到晚和颜悦色，不给父母脸色看。遇事由年轻人操劳，有了酒食先让老人享用，这就是孝了吗？

画蛇添足　当下的一些人会说，供你吃，供你喝，一年还给你几千元，你还要怎么样？

子游问孝的时候，孔子已说过，只养不敬，与养牛养马有何区别呢？

为政·视其所以

子曰：视其所以，观其所由，察其所安。人焉廋哉，人焉廋哉？

鹦鹉学舌 孔子说：看明白他在做什么，看清楚他为什么这样做，看仔细他安的什么心，这个人还能如何隐藏呢？这个人还能如何隐藏呢？

画蛇添足 孔子的观人术，居上者，岂能不知？居下者给你行贿也好，行色也好，居上者，岂能不知你的"所以""所由""所安"？岂能不知你在做什么？岂能不知你在想什么？岂能不知你安的什么心？只不过一些居上者好的就是这一口，爱的就是这一口，享受的就是这一口。既如此，孔先生的观人术，于居上者又有何用？

为政·温故知新

子曰：温故而知新，可以为师矣。

鹦鹉学舌　孔子说：温习旧的知识，可以从中得到新的启发，这样的人可以当老师了。

这里边自然隐含着：鉴往知来，往为来之师；鉴古知今，古为今之师。

画蛇添足　如果按常规理解为：温习旧的知识，可以从中得到新的启发，仅凭这一点，就可以当老师了——似乎不大通。

为政·君子不器

子曰：君子不器。

鹦鹉学舌　孔子说：作为君子，不能只囿于"一器之长"——作为君子，不能只囿于伎俩。

画蛇添足　碗是器，只能盛水；盘是器，只能盛菜；锅是器，只能煮饭。君子是太阳，照耀万物；君子是雨露，滋润万物；君子是风，摇动万物。君子不器，其言下之意是：君子学的应该是治世之道。

君子是风，是树村，是水流，是太阳！

为政·先行其言

子曰：先行其言，而后从之。

鹦鹉学舌　孔子说：自己说的率先而行，人们自然追随。

画蛇添足　率先而行，率先垂范，以身作则，自身正不令而行，哪一个当领导的不知其理呢？孟子曾对齐宣王说，非不能也，是不为也。

自此开始，孔子就抓住一切机会，以此理反复告诫其学生和从政者。听不听是你的事，说不说是我的事，这就是孔子的坚持和执着。

为政·学而不思

子曰：学而不思则罔，思而不学则殆。

鹦鹉学舌　孔子说：只学习而不思考，就会迷茫和不解，只思考而不学习，就会疑惑和危险。

画蛇添足　子贡曾说颜回是"闻一而知十"。为什么颜回能"闻一而知十"呢？除却天资，那就是"思而学，学而思"。思，唯有思，才能使人学一而知二，学一而知十。触类旁通，贵在思。

学习时，要多打几个问号！

为政·攻乎异端

子曰：攻乎异端，斯害也已。

鹦鹉学舌 孔子说：攻伐打击那些极端分子及异端邪说，社会的危害就消除了。

画蛇添足 另一说——孔子说：工于异端邪说，走异端之路，贻害无穷。

美国的摩门教、日本的奥姆真理教、中国的法轮功，都是异端邪说，都给自己的国家带来了无穷的危害。

为政·汝知之乎

子曰：由，诲汝，知之乎？知之为知之，不知为不知，是知也。

鹦鹉学舌 孔子说：仲由啊，我教你做学问吧，你明白吗？知道就是知道，不知道就是不知道，这才是智慧。

画蛇添足 庄子说："吾生也有涯，而知也无涯，以有涯随无涯，殆已！"人生是有限的，知识是无限的，所以你不懂、你不会、你不知，是再正常不过的，可怕的是不懂装懂。现实生活中，明智的太少，不懂装懂的太多。

好为人师，在当今似有贬义。但从本文看，好为人师，莫过于孔子。当然，为人师表，也莫过于孔子。

为政·何为则民服

（鲁）哀公问曰：何为则民服？

孔子对曰：举直错诸枉，则民服；举枉错诸直，则民不服。

鹦鹉学舌 鲁哀公问：治理国家怎样才能使百姓拥护服从你呢？

孔子回答说：把清正廉洁的人提拔上来，把贪赃枉法的人降下去，老百姓就会拥护、服从你了；反之，把贪赃枉法的人提拔起来，把清正廉洁的人降下去，老百姓就会反对、不服你了。

画蛇添足 如果放在现在，孔子简直可以去开一所总统学院，专门培养国家领导人及省市县领导人。不过，能有多少人报名就不知道了。《论语》可以说是一部领导学，《厚黑学》也是一部领导学，至于领导人或者未来的领导人，要选哪一门，或者是两门皆选，就不得而知了。宋朝开国宰相赵普有"半部《论语》治天下"之说，所以《论语》作为一部领导学或者领导哲学，是绰绰有余的。

为政·人而无信

子曰：人而无信，不知其可也。大车无輗（ní），小车无軏（yuè），其何以行之哉？

鹦鹉学舌　孔子说：人要是失去了信用或不讲信用，不知其在社会上如何立足。就像大车的车辕上缺了连接处的销子，小车的车杠上缺少了连接处的销子，这车还如何行走呢？

画蛇添足　人无信不立，业无信不旺，国无信不兴。孔子在《论语》中反反复复地讲到"信"，他的学生子贡让他在吃与信中二选一时，他选择了宁饿死，也要守信。孔子的观点是：人总是要死的，但失信于民，国家就难以生存了。此论后边有专门论述。

八佾 · 八佾舞于庭

孔子谓季氏：八佾（yì）舞于庭，是可忍也，孰不可忍也！

鹦鹉学舌　八佾，是只有天子举行国家大典才能使用的舞蹈仪式，横八竖八，八八六十四人。孔子谈到季氏，说：他用八佾在自家庭院里奏乐舞蹈，如果这样犯上的事我们都可以忍，还有什么事情是我们不能忍的呢？

画蛇添足　关于"是可忍也，孰不可忍也"，还有另一说，那就是：他用八佾在自家庭院里奏乐舞蹈，如此犯上的事他都可以忍心做，还有什么事情是他不忍心做的呢？

"是可忍，孰不可忍"我说了几十年，原来出处在这里。品读《论语》，再看许多成语，真有一种他乡遇故知的感觉。

八佾·人而不仁

子曰：人而不仁，如礼何？人而不仁，如乐（yuè）何？

鹦鹉学舌　孔子说：一个人没有仁爱之心，礼法对他又有何用呢？一个人没有仁爱之心，礼乐对他又有何用呢？

画蛇添足　老子的核心思想是"道"，但什么是"道"，老子从未明说；孔子的核心思想是"仁"，但什么是仁，孔子从未明示。孔子的学生，一次一次地问仁，孔子从方方面面给出答案，但从未正面回答。

八佾·林放问礼

林放问礼之本。子曰：大哉问！礼，与其奢也，宁俭；丧，与其易（易在此理解为治理，引申为多样化）也，宁戚。

鹦鹉学舌 一个叫林放的朋友问：礼的根本是什么？孔子回答说：你问的这可是个重大问题啊！礼义及其仪式，与其隆重奢侈，不如从简；治丧，与其仪式烦琐齐备，不如哀伤。

画蛇添足 林放，春秋末期鲁国人，故里在山东新泰市放城镇。林放应该是孔子的朋友，而不是学生。关于林放，《论语》中仅存只言片语，典籍中记载也不多，但是历代对他的尊崇却很高，与他有关的遗迹也不少，曲阜城外至今还有"林放问礼处"，这都是因为他对"礼"的研究造诣颇深。据史籍记载，林放是商朝大忠臣比干的后裔。

八佾·君子无所争

子曰：君子无所争。必也射乎！揖让而升，下而饮。其争也君子。

鹦鹉学舌 孔子说：君子与他人没什么可争的。如果有，也就是比赛射箭。比赛时，相互揖让着你先上场，你先发箭。赛后，又一同喝酒。这种争，也是君子之争。

画蛇添足 用现在的话说就是，正人君子间没什么可争的。如果有，也是相约着打个乒乓球、羽毛球什么的。打之前，还你让我先选场地，我让你先发球。不管谁输谁赢，打完比完，又一同喝酒去了。这种争，也是君子之争。

八佾·子入太庙

子入大（太）庙，每事问。或曰：孰谓邹（孔子生于邹地）人之子知礼乎？入大（太）庙，每事问。

子闻之，曰：是礼也。

鹦鹉学舌　孔子到太庙考察，也许是视察，逢人便问，逢事便问。有人嘲笑说：谁说这个邹人的儿子知礼呀，他好像什么礼也不懂，什么事也要问呀！

孔子听后说：问，这本身就是礼呀！

画蛇添足　在后边，孔子与学生子贡讨论到孔文子（孔圉）这个人时，孔子说，孔文子，敏而好学，不耻下问，所以孔文子死后谥为"文"。敏而好学，不耻下问，在这里越看越像孔子的自画像。

八佾·事君尽礼

子曰：事君尽礼，人以为谄也。

鹦鹉学舌　按礼数侍奉君主或者领导，有人竟认为这是谄媚巴结上司。

画蛇添足　假作真时真亦假，溜须拍马的多了，遇到按礼数真心事君的，往往也被误认为是奉迎巴结，这实在是没什么好奇怪的。

八佾·君使臣

（鲁）定公问：君使臣，臣事君，如之何？
孔子对曰：君使臣以礼，臣事君以忠。

鹦鹉学舌　鲁定公问孔子：君主如何使唤臣子呢？臣子又如何侍奉君主呢？

孔子回答说：君主使臣时应待之以礼，臣子事君时应尽之以忠。

画蛇添足　君使臣以礼，臣岂能不忠？士为知己者死，基本可等同于"士为礼己者死"。居上位者，如果能做到礼贤下士，做臣下的岂能不披肝沥胆？古文或古剧中常有拜相和拜将之说，其意是：君王任命宰相或大将，自己要先斋戒、沐浴、筑台、设坛，之后才拜其受者为相或拜其受者为将。"韩信拜将"就是其中比较有名的"君使臣以礼"的典故。

八佾·乐而不淫

子曰: 关雎, 乐而不淫, 哀而不伤。

鹦鹉学舌 孔子说:"关关雎鸠"这首诗,快乐而不放纵,哀怨而
不悲伤。

画蛇添足 "乐而不淫,哀而不伤",就凭这八个字的点评,孔
子也能成为中国历史上第一大文学批评家——空前是肯定的,绝后
尚不敢说。

八佾·居上不宽

子曰：居上不宽，为礼不敬，临丧不哀，吾何以观之哉？

鹦鹉学舌 孔子说：作为上级却不宽容，向人行礼却无敬意，遇丧事却不悲伤，对此，我如何看得下去呢？

画蛇添足 居上不宽，为礼不敬，临丧不哀，孔子实在是看不下去了，现在的人已经习以为常，见怪不怪了。

里仁·不仁者

子曰：不仁者，不可以久处约（贫困），不可以长处乐。仁者安仁，知者利仁。

鹦鹉学舌 孔子说：一个不仁之人，不会安于长久的贫困，也不会安于日常生活的快乐。只有仁者，才会安于仁；只有智者，才会以仁当利。

画蛇添足 孔子对人性的洞悉是多么深刻！不仁之人，宁可铤而走险，也不会安于贫困，也不会安于日常生活的快乐。

里仁·唯仁者

子曰：唯仁者，能好人，能恶人。

鹦鹉学舌　孔子说：只有仁者，才能真正地喜爱那些高尚的人，真正地讨厌那些卑劣的人。

画蛇添足　周恩来《向雷锋同志学习》题词："憎爱分明的阶级立场，言行一致的革命精神，公而忘私的共产主义风格，奋不顾身的无产阶级斗志。"孔子的这九言真经（唯仁者，能好人，能恶人），用周恩来总理的话说就是"憎爱分明"，而雷锋那也肯定是当仁不让的"仁者"了。

里仁·苟志于仁

子曰：苟志于仁矣，无恶也。

鹦鹉学舌 孔子说：立志于做仁人的，是不做坏事的。

画蛇添足 另一说——孔子说，真正立志于做仁人的，在其眼里是没有真正的坏人的——坏，就把其感化成好人嘛！

里仁·富与贵

子曰：富与贵，是人之所欲也，不以其道得之，不处也；贫与贱，是人之所恶也，不以其道得之，不去也。君子去仁，恶乎成名？君子无终食之间违仁，造次必于是，颠沛必于是。

鹦鹉学舌 富裕和显贵是人人向往的，如果不以其正当的手段实现它，宁可不要；贫穷与低贱是人人厌恶的，如果不以其正当的方法摆脱它，宁可守穷。君子如果不仁，又怎么能叫君子呢？君子自始至终哪怕是一饭之间也是不会背离仁德的，事情紧迫的时候是这样，颠沛流离的时候也是这样。

画蛇添足 君子爱财，取之有道，出自明清时期的《增广贤文》，但其源头，应该是孔子本篇之论。

里仁·人之过也

子曰：人之过也，各于其党。观过，斯知仁矣。

鹦鹉学舌 孔子说：一个人的过错，与其所交朋友及其圈子是有密切关系的。只要看其过错的性质，就知其是仁还是不仁了。

另一说——孔子说：人之过错其类别是各不相同的，但只要看清楚其所犯错误的性质，就知其是仁还是不仁了。

画蛇添足 "另一说"似乎更通顺，孔子的意思是：人所犯错误类别不同，如果其出发点是好的，即便犯了错，仍然是仁者；反之，如果出发点是坏的，又犯了错，那肯定不仁。

里仁·朝闻道

子曰：朝闻道，夕死可矣！

鹦鹉学舌 早上得了道，晚上死了都值。

画蛇添足 朝闻道，夕死可矣！可见朝闻道之道，不是一般之道。那这个道到底是个什么道呢？恐怕孔子自己也说不明白，道家老祖老子也说不清楚。所以此"道"只可意会不可言传；所以得此之"道"是太难了，以致孔子说：朝闻道，夕死可矣！孔子与老子是同时代人，老子大概年长孔子一些。孔子曾问道于老子。这在历史上是极有名的典故。但老子始终未明言何谓之道。

里仁·君子怀德

子曰：君子怀德，小人怀土；君子怀刑，小人怀惠。

鹦鹉学舌　孔子说：君子想的是道德，普通人想的是地产。君子想的是法度，普通人想的是利益。

画蛇添足　那个时候，人们的财产形式，主要是土地，作为普通人，除了想拥有土地，还能想拥有什么呢？

里仁·能以礼让

子曰：能以礼让为国乎，何有？不能以礼让为国，如礼何？

鹦鹉学舌　孔子说：能以礼让之道来治国的，治国何难之有？不能以礼让之道来治国的，要礼何用？

画蛇添足　另一说——孔子说：能以礼让之道治国的，哪里有呢？不能以礼让之道治国的，那谈礼何用？

里仁·不患无位

子曰：不患无位，患所以立。不患莫己知，求为可知也。

鹦鹉学舌　孔子说：不怕没职位，就怕没胜任的本领。不怕没人知道自己，追求上进自有人知。

画蛇添足　如果社会真是这样，哪里还有投机钻营投机取巧者？但作为一种人生的价值取向，孔子之言肯定是对的；纵观整个人类历史，孔子之言也肯定是对的。

里仁·君子喻于义

子曰：君子喻于义，小人喻于利。

鹦鹉学舌　孔子说：与君子谈事，他们只考虑道德上该不该做；与普通人谈事，他们只考虑是否有利可图。

画蛇添足　另一说——孔子说：君子看重的是道义，普通人看重的是利益。

里仁·见贤思齐

子曰：见贤思齐焉，见不贤而内自省也。

鹦鹉学舌　见其贤者善行，就想着自己如何向人家学习；见其不贤不善之举，就想着自己如何避免。

画蛇添足　"三人行，必有我师焉；择其善者而从之，其不善者而改之。""见贤思齐焉，见不贤而内自省也。"二者有异曲同工之妙。

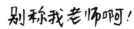

里仁·父母在

子曰：父母在，不远游，游必有方。

鹦鹉学舌　孔子说：年迈的父母还在世，做儿女的不出远门；如果有要事非出远门不可，也要告诉父母去了什么地方。

画蛇添足　在那个年代，也没电话，你告诉父母你去了哪儿，家有急事，又有什么用呢？所以南怀瑾先生的意思是：孔子说，父母年迈，不出远门，非要出远门，也要妥善地安排好父母之事。

里仁·父母之年

子曰：父母之年，不可不知也。一则以喜，一则以惧。

鹦鹉学舌 孔子说：父母的生日年龄，不可以不知道。一面为父母的增寿而喜，一面为父母的衰老而忧。

画蛇添足 记住父母的生日年龄，看起来事小——反映的却是大德啊！

里仁·古者言之

子曰：古者言之不出，耻躬之不逮也。

鹦鹉学舌　孔子说：古代的先贤、圣哲不轻易讲话——为什么不轻易讲话呢？因为他们的人讲出来做不到为耻。

画蛇添足　君子一言，驷马难追，所以君子不轻言。

里仁·以约失之

子曰：以约失之者，鲜矣。

鹦鹉学舌　以礼法约束自己的行为，犯错的很少。

画蛇添足　自律是一种最伟大的人格力量！

里仁·欲讷于言

子曰：君子欲讷于言，而敏于行。

鹦鹉学舌　君子说话应小心谨慎，而行动要迅速快捷。

画蛇添足　毛泽东有两个女儿，一个叫李敏，一个叫李讷——毛泽东从《论语》孔子此言中给两个女儿取名，可见其寓意深远。

里仁·德不孤

子曰：德不孤，必有邻。

鹦鹉学舌　有德之人不会孤立，有德之人必有朋友。

画蛇添足　桃李无言，下自成蹊，德高望重，朋友自来。

里仁·事君数

子游曰：事君数，斯辱矣；朋友数，斯疏矣。

鹦鹉学舌　子游说：屡谏君主，会招来君主的羞辱；屡劝朋友，会招来朋友的疏远。

画蛇添足　另一说——子游说：服侍君主，太细致频繁，反而会招致君主的羞辱；与朋友相交，太频繁琐碎，反而会招致朋友的疏远。

公冶长·女与回

子谓子贡曰：女（rǔ）与回也孰愈？

对曰：赐也何敢望回？回也闻一以知十，赐也闻一以知二。

子曰：弗如也！吾与女弗如也。

鹦鹉学舌　孔子问子贡：你与你同学颜回相比，谁更好一点呢？

子贡回答说：我端木赐（字子贡）哪敢和颜回相比呀？颜回听闻一个道理，能悟出十个道理，我端木赐听闻一个道理，只能悟出两个道理。

孔子说：你说的很对，你确实不如颜回，我和你都不如颜回啊！

画蛇添足　按现代的标准，子贡绝对是一等一的超一流的学生，政治、经济、军事、外交、经商样样出类拔萃，并且还做过鲁卫两国的宰相，可谓显赫。但是在孔子的眼里，子贡就是不如"百无一用"的书生颜回。原因很简单，孔子的标准是："君子不器"。关于"子贡是何器"，孔子在后边还有专论。

057

公冶长·宰予昼寝

宰予昼寝。子曰：朽木不可雕也，粪土之墙不可杇（wū，抹墙工具）也！于予与何诛？

鹦鹉学舌 一个叫宰予的学生白天睡觉，被孔子发现了。孔子气愤地说：腐朽之木不可雕刻，粪土之墙不可粉刷，对于这样的人你还能指责其什么呢？

画蛇添足 孔子骂人也真骂出了水平，竟然骂出了一句流传千古的"朽木不可雕也"。宰予这个学生，也真是幸运，睡了一觉，挨了一骂，竟也史上留名。

公冶长·始吾于人

子曰：始吾于人也，听其言而信其行；今吾于人也，听其言而观其行。于予与改是。

鹦鹉学舌 孔子说：我过去对人的态度是，听他说什么就相信他做什么；今天我对人的态度是，不但要听他说什么，更要看他做什么。我之所以会如此，都是因为宰予的言行不一改变了我。

画蛇添足 宰予，字子我，位居孔门十哲，位列言语科第一名。孔子先骂他白天睡觉，后骂他言行不一。宰予大概是那种学习不用功，纪律不遵守，老师话也不听，但考试分数却很高的学生；否则，怎么会成为十哲之一，并且得言语科第一名呢？

公冶长·未见刚者

子曰：吾未见刚者。

或对曰：申枨（chéng）？

子曰：枨也欲，焉得刚？

鹦鹉学舌　孔子说：我没有见过刚强之人。

有人回答说：申枨这个人还不刚强吗？

孔子说，申枨这个人还是欲望太多，欲望太多，怎么能刚强呢？

画蛇添足　海纳百川有容乃大，壁立千仞无欲则刚——林则徐名言，应该源于此。

公冶长·我不欲人

子贡曰：我不欲人之加诸我也，吾亦欲无加诸人。

子曰：赐也，非尔所及也。

鹦鹉学舌　子贡说：我不愿他人把思想意志强加于我，我同样不想强加于人。

孔子说：子贡呀，说归说，这是你所做不到的。

画蛇添足　听过子贡之言，你肯定想到了"己所不欲，勿施于人"。这是孔子对另一个学生说的，别急，咱们后边会涉及。

公冶长·孔文子

子贡问曰：孔文子何以谓之文也？

子曰：敏而好学，不耻下问，是以谓之文也。

鹦鹉学舌　子贡问：老师，孔文子这个人为什么谥号为"文"呢？

孔子说：孔文子既聪明又好学，同时还勇于向不如自己的人请教，所以就谥为"文"。

画蛇添足　孔文子，姓孔，名圉（yǔ），谥文，卫国大夫。孔文子为了把自己的女儿嫁给当时的一个权贵，就唆使这个权贵把妻子休了。总而言之，孔文子这个人，在当时的卫国名声并不好，但死后却被谥为"文"。对此，子贡有看法，就问孔子；而孔子，就事论事，只讲了孔文子为何谥为"文"。

公冶长·君子之道

子谓子产：有君子之道四焉：其行己也恭，其事上也敬，其养民也惠，其使民也义。

鹦鹉学舌　孔子评论子产说：他有四种君子的道德品行：他自己行为庄重，他对待君主恭恭敬敬，他养民施之以利，他使民合乎于义。

画蛇添足　子产，姓姬，名侨，字子产，春秋时郑国名相，政治家，思想家。

郑国星占家裨灶预言天将降大火于郑国，人们劝子产率国人祭天，以避免火灾。子产说："天道远，人道迩（近），非所及也，何以知之？"意思是，天的事那么远，而人的事就在眼前，人够不到天，星相占卜家们怎么能知道呢？

公冶长·三思后行

季文子三思而后行。子闻之，曰：再，斯可矣。

鹦鹉学舌 季文子做事总要反复考虑很多次。孔子听到了，说：考虑两次也就可以了。

画蛇添足 原来我们天天挂在嘴上的"三思而行"，孔子说，两思就够了。想好了，就干；想多了，就完蛋。三思五思六思之人，难成大事。季文子，姬姓季氏，谥文，史称季文子，鲁国官员。

公冶长·宁武子

子曰：宁武子，邦有道则知，邦无道则愚。其知可及也，其愚不可及也。

鹦鹉学舌 孔子说：宁武子这个人，国家有道时，他聪明；国家无道时，他就糊涂了。他的聪明别人可以学得来，他的糊涂别人就学不来了。

画蛇添足 愚不可及，典出如此。郑板桥老先生的聪明难，糊涂难，恐怕也源于此。宁武子，名俞，谥号武子，春秋时期卫国官员，今菏泽牡丹区人。

公冶长·巧言令色

子曰：巧言、令色、足恭，左丘明耻之，丘亦耻之。匿怨而友其人，左丘明耻之，丘亦耻之。

鹦鹉学舌 孔子说：花言巧语，饰以颜色，过分恭敬，左丘明认为这种人可耻，我也认为这种人可耻。把怨恨藏在心里，表面上却装出友好的样子，左丘明认为这种人可耻，我也认为这种人可耻。

画蛇添足 左丘明，姓丘，名明，因其父曾任左史官，故称左丘明，与孔子同时代人。孔子著《春秋》，左丘明著《左氏春秋》以解析孔子之《春秋》。《左氏春秋》，又名《左传》。

公冶长·十室之邑

子曰：十室之邑，必有忠信如丘者焉，不如丘之好学也。

鹦鹉学舌 孔子说：即使只有十几户人家的小村子，也定有像我这样的忠信之人，只不过这些人不如我好学罢了。

画蛇添足 孔子之所以成为孔子，除了敏而好学、学而不厌，其实还有一个客观原因，那就是长寿。孔子在史籍及著述上的主要成就，大都是在六十八岁回到鲁国以后。如果孔子像颜回一样短命，哪还有现在的孔子？感谢上苍吧，给我们留下了孔子！孔子在匡地遇险，弟子们极为担心，孔子说，怕什么，天降大任于我，匡人怎奈我何？上苍要孔子长寿，可谓天佑我中华！

雍也·弟子孰好学

哀公问：弟子孰为好学？

孔子对曰：有颜回者好学，不迁怒，不贰过，不幸短命死矣。今也则亡，未闻好学者也。

鹦鹉学舌 鲁哀公问孔子：你的学生中谁是最好学的呢？

孔子回答说：有一个叫颜回的很好学，他从不迁怒于人，也从不重犯同样的错误，不过，很不幸，他年纪轻轻的就死了。现在没有他那样的学生了，也没有听说谁是很好学的。

画蛇添足 孔子三千弟子，七十二贤，令他十分满意的只有一人，那就是颜回。可惜，三十几岁正当出成果的时候，颜回死了。颜回死了，孔子哭得死去活来："噫，天丧予，天丧予！"——老天啊，你夺走我的颜回，你是要我的命啊，你是要我的命啊！

雍也·其心三月

子曰：回也，其心三月不违仁。其余，则日月至焉而已矣。

鹦鹉学舌　孔子说：颜回在其内心可以做到几个月不违背道德规范，其他同学，在其内心也就是几日不违背道德规范，最长也不过月。

画蛇添足　自律加他律，一个人在实际行动中，可以不违仁；但在其内心，也不违仁，也不想那些乱七八糟的东西，这是何等的功力和修养？那些修炼了几十年的老僧，恐怕也是很难达到这种境界的。

雍也·贤哉回也

子曰：贤哉，回也！一箪食，一瓢饮，在陋巷，人不堪其忧，回也不改其乐。贤哉，回也！

鹦鹉学舌 孔子说：真是个贤人啊，颜回！用一个竹筐盛饭，用一只瓢饮水，住在简陋的巷子里，谁也过不了那种忧戚的生活，颜回却照样乐而好学。真是个贤人啊，颜回！

画蛇添足 颜回，字子渊，鲁国人，位居孔门十哲头榜，位列七十二贤之首。颜回终生以舜帝为榜样——仁以为己任——连孔子都自叹不如。

雍也·非不说子之道

冉求曰：非不说（yuè）子之道，力不足也。

子曰：力不足者，中道而废，今女（rǔ）画。

鹦鹉学舌 冉求说：老师，我不是不喜欢您所讲之道，是我的能力不够呀！

孔子说：能力不够是半途而废，而现在你是自我设限不向前走啊！

画蛇添足 冉求，字子有，鲁国（今山东菏泽冉贤集）人。冉雍、冉耕、冉求，亲兄弟三个，皆拜于孔子门下，皆列孔子十哲之中，史称一门三贤，也有称其"三冉"的。

雍也·女为君子儒

子谓子夏曰：女（rǔ）为君子儒，无为小人儒！

鹦鹉学舌 孔子对他的学生子夏说：你要做一个高尚的读书人，不要做一个不仁的读书人。

画蛇添足 儒，人之需也，君子儒，用当下的话说，就是做一个人民需要的读书人。

雍也·子游为武城宰

子游为武城宰，子曰：女（rǔ）得人焉尔乎？

曰：有澹台灭明者，行不由径，非公事未尝至于偃之室也。

鹦鹉学舌 子游做武城县长时，孔子问：你在那里做县长发现并得到什么人才了吗？

子游说：有位叫澹台灭明的，做事不走捷径，不投机取巧，没有公事他从不到我办公室来，为人光明磊落。

画蛇添足 "以貌取人"这个成语，就出自孔子和澹台灭明师徒间。澹台灭明，字子羽，武城县人。澹台灭明曾跟孔子学习，但因长相丑陋，不得孔子待见，只好回家发愤自学，终成大材，孔子听说后，自我检讨说：以貌取人，失之子羽。

雍也·孟之反

子曰：孟之反不伐（夸耀），奔而殿，将入门，策其马，曰：非敢后也，马不进也。

鹦鹉学舌　孔子说：孟之反这个人居功不贪，军队败退的时候，他殿后掩护；快进城门的时候，他鞭打着自己的马说：不是我敢于殿后，是我的马跑不快呀！

画蛇添足　孟之反这个人，史籍上也没多少记载，但仅凭这一点，便永垂不朽。

雍也·质胜文

子曰：质胜文则野，文胜质则史。文质彬彬，然后君子。

鹦鹉学舌　孔子说：质朴本性胜于文饰礼仪，就显得粗野，文饰礼仪胜于质朴本性，就显得虚伪。只有做到了质朴本性和文饰礼仪相得益彰的人，方可成为君子。

画蛇添足　现实生活中，总有人太粗野，也总有人太文饰，但也总有人文质得当、文质彬彬。

雍也·人之生也直

子曰：人之生也直，罔之生也幸而免。

鹦鹉学舌　孔子说：人凭正直而生存，一些不正直的人也能生存，那是靠侥幸方才避免了灾祸。

画蛇添足　正直是人生的靠山；靠侥幸随时都可能完蛋。

雍也·知之者

子曰：知之者不如好之者，好之者不如乐之者。

鹦鹉学舌　孔子说：知道学习的人，不如爱好学习的人；爱好学习的人，不如以学为乐的人。

画蛇添足　在这儿，孔子把学习的态度分成三个层次，在《论语·季氏》中孔子又从另一角度，将其分为四个层次：生而知之者，上也；学而知之者，次也；困而学之，又其次也；困而不学，民斯为下矣。

雍也·中人以上

子曰：中人以上，可以语上也；中人以下，不可以语上也。

鹦鹉学舌 中等以上智力的人，可以给其讲高深的学问；中等以下智力的人，不可以给其讲高深的学问。

画蛇添足 这不是歧视，更不是看不起谁，而是因人施教。

雍也·知者乐水

子曰：知（zhì）者乐水，仁者乐山；知者动，仁者静；知者乐，仁者寿。

鹦鹉学舌　智者喜欢水，仁者喜欢山；智者爱动，仁者爱静；智者快乐，仁者长寿。

画蛇添足　仁者寿，不仅是一种信仰，更是一种客观存在……

雍也·井有仁焉

宰我问曰：仁者，虽告之曰，井有仁焉，其从之也？

子曰：何为其然也？君子可逝也，不可陷也；可欺也，不可罔也。

鹦鹉学舌　宰我问孔子：对于一个很有仁德的人来说，你告诉他井里掉下去一位仁者，他会跟着下去吗？

孔子说：为何要这样做呢？君子可以为道而死，却不可以被陷害；君子可能被欺骗，但不可以被愚弄。

画蛇添足　宰我这个学生，在前边已经被孔子骂过两次了。这个家伙，至少是很调皮的，你看他问这问题，不明明是在捣蛋吗？

雍也·博学于文

子曰：君子博学于文，约之以礼，亦可以弗畔（叛）矣夫。

鹦鹉学舌 孔子说：君子广泛学习传统文化，又以礼法来约束自己，就可以不离经叛道了。

画蛇添足 孔子在这儿讲了"博学于文"，在《论语·子路》中又讲了"行己有耻"，明末清初大学者顾炎武把"博学于文，行己有耻"联起来，作为自己人生的座右铭。"行己有耻"实际上是"约之以礼"的结果。清兵入关，顾炎武不但不降，还誓死反清，用自己的人生诠释了"博学于文，约之以礼，亦可以弗畔（叛）矣夫"。当然，天下兴亡，匹夫有责，也是顾炎武的名言。

雍也·中庸为德

子曰：中庸之为德也，其至矣乎！民鲜久矣。

鹦鹉学舌　孔子说：中庸作为一种不偏不倚之道，是至高无上的，只可惜，人们失去它已经很久了。

画蛇添足　孔子之孙子思，继承爷爷之道，干脆作了《中庸》。《中庸》乃四书之一。

雍也·博施于民

子贡曰：如有博施于民，而能济众，何如？可谓仁乎？

子曰：何事于仁，**必也圣乎！尧舜其犹病诸！**夫仁者，己欲立而立人，己欲达而达人。能近取譬，可谓仁之方也已。

鹦鹉学舌　子贡说：如果有一个人，他能广施恩惠于百姓，又能救济大众，这个人如何？可以算是仁人了吗？

子曰：能做到如此境界，岂止是仁人，简直是圣人了！就连尧舜尚且难以做到呢！仁人之道是，自己要成事，也要助人成事；自己要成功，也要助人成功。凡事能将心比心，推己及人，就可以说是仁人之道了。

画蛇添足 子贡经商，没少赚钱，也没少施于人。子贡赎人，是个经典故事。鲁国规定：鲁人在外国沦落为奴隶，凡能将其赎回者，政府都要给予补偿和奖励。子贡如此这般赎了人，却拒绝领奖。孔子说，你这样做就不对了。你领取补偿，无损你的品行；你不领取补偿，以后就没谁再赎人了。原因很简单，你经济条件好，能无偿赎得起，别人呢？别人赎了同胞，有你的榜样在这里，就不好再去领取补偿；不好再去领取补偿，那就干脆不赎了。

子路救了一名落水者，人家送他一头牛，子路收下了。孔子高兴地说，从此鲁国人一定会勇救落水者。

述而·述而不作

子曰：述而不作，信而好古，窃比于我老彭。

鹦鹉学舌　孔子说：我只阐述古人的东西而不自己创作，我相信并且喜好古代的文化，我私下把自己比作老彭。

画蛇添足　老彭者，一说是老子和彭祖，一说是彭祖，当然还有第三说，究竟指谁，恐怕只有去问孔子了。

述而·默而识之

子曰：默而识（zhì）之，学而不厌，诲人不倦，何有于我哉？

鹦鹉学舌　孔子说：默默地记住所学知识，勤奋好学而不厌烦，教诲育人而不倦怠，除此之外，对我来说，还有什么遗憾呢？

画蛇添足　孔子率弟子周游列国，那可不是去旅游观光，而是去推销自己的主张。主张不被采纳，到处碰壁，年近七十之时，无奈归鲁，终生遗憾。所以孔子说"何有于我哉"，说自己没什么遗憾的了，应该是一种自我安慰。

述而·德之不修

子曰：德之不修，学之不讲，闻义不能徙，不善不能改，是吾忧也。

鹦鹉学舌　不修养品德，不讲习求学，听闻义理而不依义而行，不善之举而不能改正，这些都是我所忧虑的。

画蛇添足　春秋末期，礼崩乐坏，孔子从德、学、义、善四方面针砭时弊，叹千古之忧。

述而·子之燕居

子之燕居，申申如也，夭夭如也。

鹦鹉学舌　孔子日常在家，穿戴整齐，悠闲自在。

画蛇添足　周游列国，处处碰壁；针砭时弊，忧国忧民，在我们的印象中，孔子应该是从早到晚闷闷不乐的样子，没想到，生活中的孔子，竟是"申申如也，夭夭如也"。

述而·甚矣吾衰

子曰：甚矣，吾衰也，久矣，吾不复梦见周公。

鹦鹉学舌 孔子说：我衰老的实在是很厉害了，我很久没有再梦见周公了。

画蛇添足 前边已经说过，周公是中国传统文化的集大成者，而孔子是中国传统文化的总编辑，没有周公，绝对没有孔子。两者虽相差四百多年，但孔子自幼便神交于周公，年轻时就有周公梦中授礼之说。孔子说自己很久没有梦见周公了，可见孔子对周公的思念和崇拜。

述而·志于道

子曰：志于道，据于德，依于仁，游于艺。

鹦鹉学舌 孔子说：以道为志向，以德为根据，以仁为依托，熟习六艺。

画蛇添足 六艺：礼、乐、射、御、书、数。

述而 · 自行束脩

子曰：自行束脩（xiū）以上，吾未尝无诲也。

鹦鹉学舌　孔子说：只要行过拜师礼的，我没有不教的。

画蛇添足　束脩：干肉、腊肉或咸肉，常用来指代学费或拜师礼。低俗的理解就是：孔子说，只要给过我干肉的，我没有不教的。更正面的理解是：只要拜过师的，我都教，有教无类，不管你是贩夫走卒，还是纨绔子弟；不管你是达官贵人，还是穷苦百姓，都没关系。

述而·不愤不启

子曰：不愤不启，不悱不发。举一隅不以三隅反，则不复也。

鹦鹉学舌 孔子说：教学，不到学生冥思苦想而不得其解的时候，不要去开启；不到学生欲言又难以表达的时候，不要去启发。如果他不能举一反三，就先不要向下教了。

画蛇添足 孔子绝对是中国历史上最好的老师，没有之一；孔子绝对是中国历史上最好的师范大学的教授，没有之一；孔子绝对是中国历史上最好的语言创造大师，有没有之一不好说。你看，在这儿，他又创造了"举一反三"。

记住老师一句话，好学生都是逼出来的！

述而·食于有丧

子食于有丧者之侧，未尝饱也。子于是日哭，则不歌。

鹦鹉学舌 在有丧事的人旁边吃饭，孔子从来没有吃饱过。孔子在这一天吊丧哭过之后，就不会再唱歌。

画蛇添足 孟子言：恻隐之心，仁之端也。人无恻隐之心，何其为人？

太难过啦……

述而·用之则行

子谓颜渊曰：用之则行，舍之则藏。唯我与尔有是夫！

鹦鹉学舌　孔子对颜渊说：君王用我呢，我就以行动报效国家；不用我呢，我就隐藏起来做我的学问。能达此境界的，大概只有我和你了。

画蛇添足　用行舍藏，人生的大智慧。有这种大智慧的，只有我孔丘和你颜回二人了。在"赐也何如"中，孔子说自己不如颜回；在本篇中，孔子好歹说，唯有他和颜回……可见颜回的学养已经到了何种境界！在"十室之邑"中编者曾说，上天要孔子长寿，是天佑我华；而颜回短命，编者又能说什么呢？

述而·子行三军

子路曰：子行三军，则谁与？

子曰：暴虎冯（凭）河，死而无悔者，吾不与也。必也临事而惧，好谋而成者也。

鹦鹉学舌　子路问孔子：老师，您如果统帅三军，那么您想带着谁呢？

孔子说：赤手空拳与老虎搏斗，徒步涉水过河，死了都不后悔的人，我是不会带他的。我要带的，一定是遇事小心谨慎，善于谋划而最终取胜的人。

画蛇添足　孔子对颜渊说：君王用我呢，我就以行动报效国家；不用我呢，我就隐藏起来做我的学问。能达此境界的，大概只有我和你了。孔子说这番话时，子路大概在旁听。子路以勇著称，听了老师表扬颜渊有些不服气，于是就以己之长，预设了一个问题，结果又在老师这儿讨了个没趣。

述而·富而可求

子曰：富而可求也，虽执鞭之士，吾亦为之。如不可求，从吾所好。

鹦鹉学舌 孔子说：合于道的富贵是可以追求的，即便是给人驾车这样的下等事，我也愿意去做。合于道的富贵如果追求不来，那我还是按我的爱好做我的学问吧！

画蛇添足 看来孔子也是爱财的。只不过，孔子给爱财设了两个条件，一是：君子爱财，取之有道；二是：君子爱财，却不强求。其实这里还传达出一个哲理：富与贵，人之所欲也，但除了富贵之欲，人更重要的是应该有"一好"，如欲不能达，则从吾所好，不至于太痛苦，也不至于太强求。有一个副省级干部，官场不得意，业余就写小说，也写诗。这个副省级官员退休后说，如果他没这点业余爱好，做官时会痛苦，说不定也早成贪官了。

述而·子闻《韶》

子在齐闻《韶》，三月不知肉味。曰：不图为乐之至于斯也。

鹦鹉学舌 孔子在齐国听到了《韶》乐，痴迷的很长时间尝不出肉的味道。于是他说：想不到《韶》乐竟到了如此迷人的境界。

画蛇添足 《韶》乐，别称舜乐，是舜帝时用于国家庆典的一种诗、乐、舞融为一体的综合艺术形式。孔子是一位音乐大师，在乐理及艺术上的造诣颇高，《论语》中也几次描述孔子击磬或弹琴。孔子痴迷《韶》乐，但对郑乐就不感冒，"郑声淫"就是孔子对当时郑国音乐的一种批评。

述而 · 饭疏食

子曰：饭疏食，饮水，曲肱而枕之，乐亦在其中矣。不义而富且贵，于我如浮云。

鹦鹉学舌　孔子说：吃粗粮，喝冷水，曲臂而枕，乐在其中。用不正当的手段得来的富贵，对我来说就是天上的浮云。

画蛇添足　前述"富而可求"与本篇"饭疏食饮水"讲的是同一种价值取向，侧重点不同罢了。

述而·女奚不曰

叶公问孔子于子路，子路不对。

子曰：女（rǔ）奚不曰，其为人也，发愤忘食，乐以忘忧，不知老之将至，云尔。

鹦鹉学舌　叶公问子路：孔子是个怎样的人，子路没有回答。

孔子说：你为什么不这样说：他是这样一个人，发愤而学常常忘了吃饭，学以为乐常常忘了忧愁，痴之以学不知道衰老将要到来，如此等等。

画蛇添足　有个典故，叫叶公好龙，说的就是这个叶公。叶公，姓芈，名诸梁，字子高，因在叶邑（今河南叶县叶邑镇）为官，故称叶公。叶公治水，在墙上画了幅施工图——龙在那时便是行云降雨之祥物，于是叶公便在每个出水口，画上了龙，以作标记，同时也祈求风调雨顺。人们不知道叶公画的是什么东西，又只见龙，不见云雨，于是我们现在所说的"叶公好龙"便渐渐谣传开来。到了西汉时期，有个叫刘向的大学者，干脆把他写进书中，这就有了我们今天看到的"叶公好龙"。真实的叶公，是一位政治家和军事家，功绩非凡。

述而·我非生而

子曰：我非生而知之者，好古，敏以求之者也。

鹦鹉学舌 孔子说：我不是生来就有知识的人，而是因为我喜爱古代的文化，勤奋敏捷地求来的。

画蛇添足 孔子究竟有多么好学呢？《论语》中至少有几十处能体现其好学的精神，为学，可以"食无求饱"；为学，可以"每事问"；为学，可以"不亦乐乎"；为学，可以"曲肱而枕"；为学，可以"乐以忘忧"；为学，可以"不耻下问"；为学，三人中，"必有吾师"；终生，"学而不厌"。

述而·三人行

子曰：三人行，必有我师焉。择其善者而从之，其不善者而改之。

鹦鹉学舌　孔子说：多人一起行走，必定有人值得我学习。为什么这样说呢？其善者我选择效法，其不善者我则引以为戒。

画蛇添足　在《论语·里仁》中孔子说：见贤思齐焉，见不贤而内自省也——可与本篇互训。

各位的优缺点、都值得我借鉴！

述而·子以四教

子以四教：文、行、忠、信。

鹦鹉学舌　孔子从四大方面来教书育人：文化知识、行动实践、忠诚厚道、诚实守信。

画蛇添足　毛泽东提倡德智体全面发展。参照毛泽东的这一教育思想，我们一直评三好学生，而按孔子的标准，应该评四好学生。

述而 · 吾不得见

子曰：圣人，吾不得而见之矣，得见君子者，斯可矣。

子曰：善人，吾不得而见之矣，得见有恒者，斯可矣！
亡而为有，虚而为盈，约而为泰，难乎有恒矣。

鹦鹉学舌　孔子说：圣人，我是看不见了；能看见君子，就可以了。

孔子又说：善人，我是看不见了；能看见始终如一坚持操守的人，就可以了。本无，却装作有；本空，却装作足；本穷，却装作奢，这样的人是难于始终如一坚持操守的。

画蛇添足　就看看现实生活中吧，那些囊中羞涩，却处处装富的人，企望其坚持操守是不是也很难呢？房子是贷款，车子是贷款，手机是贷款，衣服是贷款，整容是贷款，甚至以贷养贷，这样的人不犯法已经是很了不起了。

述而·钓而不纲

子钓而不纲（网），弋不射宿。

鹦鹉学舌　孔子钓鱼而不用网捕鱼，孔子射鸟但不射宿巢之鸟。

画蛇添足　如果放现在，我一定选孔子当海洋部长兼林业部长，再加一个爱鸟协会会长。现在人捕鱼，有一种"绝户网"，一网过去，断子绝孙；捕鸟，也用那种"天网"。

述而·不知而作

子曰：盖有不知而作之者，我无是也。多闻，择其善者而从之，多见而识之，知之次也。

鹦鹉学舌 孔子说：什么都不懂却在那里凭空捏造，我不是这样的人。多听，选择其中好的来学习；多看，然后记在心里，这种人虽不算上智，也算次智的吧！

画蛇添足 《论语·为政》中孔子就教导子路说，知之为知之，不知为不知，是知也；在这里，孔子又说，只要多听多看，别不懂装懂，即便不算上智，也是次智了。

述而·互乡难与言

互乡（地名）难与言，童子见，门人惑。

子曰：与其进也，不与其退也，唯何甚？人洁己以进，与其洁也，不保其往也。

鹦鹉学舌 互乡这个地方的人名声不好，人们都不愿与互乡的人讲话，但孔子却接见了互乡的一个少年，弟子们对此迷惑不解。

孔子说：我是肯定他的上进，又不是肯定他后退，何必做得太过分呢？人洁身以求上进，我是肯定他洁身改错，又不是包庇他身上原有的缺点错误。

画蛇添足 以貌取人，失之子羽，何况以地取人？——像现在的一些段子，都开始以省取人了。至于世界上一些高傲自大的国家，事事处处都在以国取人，以洲取人，以教取人，以种族取人，以肤色取人，以价值观取人……

述而·仁远乎哉

子曰：仁远乎哉？我欲仁，斯仁至矣。

鹦鹉学舌　孔子说：仁离我们很远吗？其实，只要我们想行仁，仁就来了。

画蛇添足　孔子虽然从未给"仁"下一个确切的定义，但孔子在这里讲得很明确，仁就是从我们身边的事做起：不随地吐痰，是仁；不随地乱扔烟蒂，是仁；遇问路的，认真地指一指，是仁；让个座，是仁；闪闪身，是仁。举手之劳，是小仁；举身之劳，是大仁。小仁大仁都是仁，反正想行仁，仁就来了。

述而·子与人歌

子与人歌而善，必使反之，而后和之。

鹦鹉学舌 孔子听人家唱歌唱得好，就请人家再唱一遍，人家再唱时孔子就跟着人家一起唱。

画蛇添足 从孔子跟人家学歌，可见孔子的好学好问，不仅是三人行必有吾师，对孔子来说，简直处处是师——真不像现在的一些所谓的大师，所谓的教授，所谓的学者，处处端着，一副生而知之的样子。

述而·文莫吾犹人

子曰：文，莫吾犹人也。躬行君子，则吾未之有得。

鹦鹉学舌 孔子说：书本上的学问，我和别人差不多。身体力行地做一个君子，我还没有达到。

画蛇添足 孔子在后边的《论语·述而》中会说，"圣与仁"，他是不敢当的；在这里，他竟然说，连身体力行做君子也还没有达到。有的政治家张口就自诩自己多么伟大，就差公开自封为救世主了，如果要孔老师教这样的学生，肯定会打他们板子。当然，孔老师要是教现在那些自吹自擂，天天给自己涂脂抹粉的官员，也少不了要打他们板子。

老师为人师表.
君子风范！

称作君子.愧不敢当！

述而·若圣与仁

子曰：若圣与仁，则吾岂敢？抑为之不厌，诲人不倦，则可谓云尔已矣。

公西华曰：正唯弟子不能学也！

鹦鹉学舌 孔子说：如果说到圣与仁，那我怎么敢当！不过向着圣与仁的境界努力，而永不厌烦；教诲他人践圣行仁，也从不疲倦，就此来讲，我是做到了。

一个叫公西华的学生说：这正是我们这些做弟子的学不到的。

画蛇添足 不但以公西华为代表的孔门弟子学不到，今人，又有谁敢说能学得到呢？公西华，姓公西，名赤，字子华，孔门弟子，今河南省濮阳市濮阳县渠村乡公西村人。

述而·子路请祷

子疾病，子路请祷。子曰：有诸？

子路对曰：有之。《诔》(lěi) 曰：祷尔于上下神祇。

子曰：丘之祷久矣。

鹦鹉学舌　孔子病重，子路请求为老师祷告。孔子听说后问道：有这事吗？（有这样的先例吗？）

子路回答说：有啊！《诔》文里面说："为你向上下神祇祷告"。

孔子说：我自己已经祷告很久了。

画蛇添足　其实，孔子是不相信鬼神的，只是他从未明说。他亲口说过"敬鬼神而远之"，弟子们说他"子不语怪力乱神"，弟子向他问鬼神，他就说"未能事人，焉能事鬼"。

述而·奢则不孙

子曰：奢则不孙（逊），俭则固（简陋寒酸）。与其不孙，宁固。

鹦鹉学舌　孔子说：奢侈之人不会谦逊，节俭之人则会鄙陋寒酸。与其做一个不谦逊的人，我宁可选择鄙陋寒酸。

画蛇添足　穷奢侈的人，用孔子前边的话说，就叫"亡而为有，虚而为盈，约而为泰"——本无，却装作有；本空，却装作足；本穷，却装作奢——这样的人怎么能谦逊呢？一个富有的人奢侈，用子贡的话说，就叫富而骄——这样的人又怎么能谦逊呢？

述而·君子坦荡荡

子曰：君子坦荡荡，小人长戚戚。

鹦鹉学舌 孔子说：君子坦坦荡荡光明磊落，小人则终日忧忧戚戚惴惴不安。

画蛇添足 不做亏心事，自然坦荡荡；不算计他人，自然坦荡荡；不巴结人，自然坦荡荡。在此基础上，再去行善事做好人，那就更坦荡荡……

述而 · 子温而厉

子温而厉，威而不猛，恭而安。

鹦鹉学舌　孔子温和而又严厉，威严而不凶猛，恭谨而又安详。

画蛇添足　这是何等的修养？何等的学养？何等的人格魅力？

泰伯·恭而无礼

子曰：恭而无礼则劳，慎而无礼则葸（xǐ），勇而无礼则乱，直而无礼则绞。君子笃于亲，则民兴于仁，故旧不遗，则民不偷。

鹦鹉学舌 孔子说：恭敬而不合礼，徒劳；谨慎而不合礼，畏缩；勇敢而不合礼，闯祸；率直而不合礼，尖刻。君子厚待自己的亲属，民间则兴起仁义之风；君子不遗弃老友，民间则不薄情寡义。

画蛇添足 恭而无礼，慎而无礼，勇而无礼，直而无礼；则徒劳，则畏缩，则闯祸，则尖刻，则是对"不知礼，无以立也"的诠释。"君子笃于亲，则民兴于仁，故旧不遗，则民不偷"，则是对以身作则——"其身正，不令而行；其身不正，虽令不从"的诠释。

大孝子，真君子！好好向他学！

泰伯·曾子有疾

曾子有疾，召门弟子曰：启予足！启予手！诗云：战战兢兢，如临深渊，如履薄冰。而今而后，吾知免夫！小子！

鹦鹉学舌　曾子病危，把本门弟子召集到跟前，对他们说：你们看看我的手，看看我的足，完好无损。我这一生啊，遵法守礼，谨小慎微，就像《诗经》所言："战战兢兢，如临深渊，如履薄冰。"如今，我要离开人世了，往后，我就不用小心谨慎了！弟子们！

画蛇添足　这个作《孝经》的曾子啊！这个作《大学》的曾子啊！这个一生都在"格物、致知、诚意、正心、修身、齐家、治国、平天下"的曾子啊！——能不战战兢兢？能不如临深渊？能不如履薄冰？曾子一生，何其辛苦？怪不得临终发出"尔今而后，吾知免夫"，言下之意可能是在说：我太累了，我终于可以歇息了。

泰伯·鸟之将死

曾子有疾，孟敬子问之。

曾子言曰：鸟之将死，其鸣也哀；人之将死，其言也善。君子所贵乎道者三：动容貌，斯远暴慢矣；正颜色，斯近信矣；出辞气，斯远鄙倍（背）矣。笾（biān）豆（祭祀器具）之事，则有司存。

鹦鹉学舌 曾子病重，一个叫孟敬子的官员来探望他。曾子对他说：鸟之将死，其鸣也哀；人之将死，其言也善。作为君子，应当重视三个方面：和颜悦色，这可以避免粗暴轻慢；脸色端正，这接近于诚实守信；说话谨慎，注意语气，这可以避免鄙薄悖理。至于祭祀中的礼仪细节，自然有主管这些事务的官吏负责。

画蛇添足 这也是曾子的临终之言，他自己终于可以歇息了，终于不用再战战兢兢了，但他仍然在用将死哀鸣之言，告诫友人，要谨言慎行。

谢老兄教诲，我一定谨言慎行！

泰伯·以能问不能

曾子曰：以能问于不能，以多问于寡；有若无，实若虚；犯而不校（jiào）——昔者吾友，尝从事于斯矣。

鹦鹉学舌　曾子说：有才能的向没才能的请教，知识多的向知识少的请教；有学问却像没学问，知识充实却像空虚；遇冒犯却也不计较，我昔日的友人（颜回），就经常这样做。

画蛇添足　"以能问于不能，以多问于寡"，讲的是"不耻下问"；"有若无，实若虚"，比"不耻下问"更上层楼；至于犯而不校（jiào），这差不多已经是神仙的境界了。曾子说，能做到这些的不是自己，而是自己的老同学颜回。

泰伯·托六尺之孤

曾子曰：可以托六尺（未成年）之孤（失去父亲或失去父母的孩子），可以寄百里（国家）之命，临大节而不可夺也。君子人与？君子人也！

鹦鹉学舌　曾子说：可以把年幼的君主托付给他，可以把国家大政托付给他，面临生死存亡的关头而志不可夺。这样的人是君子吗？是君子啊！

画蛇添足　历史上最有名的托孤故事是刘备白帝城托孤。刘备临终对诸葛亮说，"君才十倍曹丕……嗣子可辅则辅之，如其不才，君可自取。"诸葛亮涕泣而曰："臣敢竭股肱之力，效忠贞之节，继之以死！"诸葛亮确实兑现了自己的诺言。

泰伯 · 任重道远

曾子曰：士不可以不弘毅，任重而道远。仁以为己任，不亦重乎？死而后已，不亦远乎？

鹦鹉学舌 曾子说：士人不可以不弘大刚毅，因为他背负的任务重大而路途遥远。把实现仁德作为自己的责任，难道不是很重大吗？到死方才停止下来，难道不是很遥远吗？

画蛇添足 曾子小孔子45岁，孔子死时，曾子才27岁。当时，在同学们中曾子表现也不突出，孔子对其评价也不高，甚至说他"参也鲁"，就是曾参也鲁钝的意思。但孔子死后，曾子很努力，广收门徒，传播孔子之道，并拒绝入仕，加之又长寿，至少活到70岁，所以一生成果颇丰，留下了《孝经》和《大学》。有人怀疑《论语》也是曾子或

孔圣人，弘扬仁德之道，乃我一生追求！

其弟子所编辑，是有其道理的。曾子死时，孔子在世的弟子几乎没有了。孔子的儿子孔鲤先于孔子去世，孔子几乎是把其唯一的嫡孙孔伋（子思）托孤于曾子门下；子思承接曾子，并著《中庸》；孟子是子思弟子的弟子或者是再传弟子。也就是说，孟子是从曾子这一枝子传下来的。可见曾子对孔子思想的传播是多么重要。"士不可以不弘毅，任重而道远。仁以为己任，不亦重乎？死而后已，不亦远乎？"纵观曾子一生，这段千秋名言，正是其人生写照。

泰伯·兴于诗

子曰：兴于诗，立于礼，成于乐。

鹦鹉学舌 人生开始于诗，立足于礼，成功于乐。

画蛇添足 诗，当然是指《诗经》。《诗经》在当时就是一部百科全书，天文、地理、风雨、雷电、花鸟、虫鱼、风土、人情无所不包，所以"不学诗，无以言"——不学诗，你怎么与人正常的社会交流呢？礼是指典章制度及礼仪，所以"不学礼，无以立"——不学礼，你怎么在社会上立足呢？乐是指大概念上的音乐弦歌甚至还包括歌舞等更广泛的艺术形式，不学乐懂乐用乐，便无法陶冶情操，人格便无法完善，人格不完善，还谈何成事成功成就，所以孔子说"兴于诗，立于礼，成于乐"。

泰伯·民可使由之

子曰：民可使由之，不可使知之。

鹦鹉学舌　对于老百姓，只管按长官的意志去使唤他们，用不着让他们知道为什么要这样做。或者是译为：对老百姓，只管使用，用不着教他们知识。这两种译法，意思差不多。

画蛇添足　尽管后儒们一再为孔子辩护，这一愚民之论，仍然成为千古把柄；无论怎么说，这都是孔子思想的一大局限。

泰伯·好勇疾贫

子曰：好勇疾贫，乱也。人而不仁，疾之已甚，乱也。

鹦鹉学舌 孔子说：崇尚勇力却憎恨贫穷的人，容易导致社会祸乱。缺乏仁德却又憎恨社会的人，同样会导致祸乱。

画蛇添足 孔子在《论语·卫灵公》中有言："君子固穷，小人穷斯滥矣"。意思是说，君子可以安于贫穷，而小人一旦贫穷了，就会胡作非为。当然此类意思，孔子在《论语》中讲过不止一次。孔子还讲过，一个人要是能"博学于文"，又"约之以礼"，就不会离经叛道；缺仁缺德之人，怎么会以礼法约束自己？不以礼法约束自己，再憎恨社会，岂不作乱？

泰伯·周公之美

子曰：如有周公之才之美，使骄且吝，其余不足观也已。

鹦鹉学舌　孔子说：即使有周公那样美好的才能，如果骄慢而又吝啬的话，那其他方面也就不值得一提了。

画蛇添足　骄慢而又吝啬，便是无德——厚德载物，无德，其他方面再好，又有何用？所以，孔子说："其余不足观也已。"所以，选人用人，总要德才兼备，并且还是德先才后。

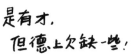

泰伯·三年学

子曰：三年学，不至于谷，不易得也。

鹦鹉学舌　孔子说，跟我学习三四年，不是为了赚钱养家或赚取俸禄的，这样的人太少了。

画蛇添足　"不易得"的是什么人呢？就是颜回那种"箪食瓢饮"单纯做学问的人。

泰伯·笃信好学

子曰：笃信好学，守死善道；危邦不入，乱邦不居；天下有道则现，无道则隐。邦有道，贫且贱焉，耻也；邦无道，富且贵焉，耻也。

鹦鹉学舌 孔子说：坚定信念并努力学习，誓死守卫并完善治国与为人的大道。不进入政局不稳的国家，不居住在动乱的国家。天下有道就出来做官；天下无道就隐居不出。国家有道而自己贫贱，是耻辱；国家无道而自己富贵，也是耻辱。

画蛇添足 有道则现，无道则隐，在《论语》中孔子多次讲过。但孔子的"邦有道，贫且贱焉，耻也；邦无道，富且贵焉，耻也"很有意思；特别是"邦有道，贫且贱，耻也"更有意思，这好像与孔子的君子固穷，以及君子爱财，取之有道，如果无道，宁固穷之思想，不那么一以贯之。

泰伯·不在其位

子曰：不在其位，不谋其政。

鹦鹉学舌　不在那个位子上，就不考虑那个位子上的事。

画蛇添足　范仲淹的"进也忧，退也忧"，"处江湖之远，则忧其君"与孔子的这一思想，似乎出入很大。不在其位，不谋其政，似乎与孔子本人的行为，出入也很大。孔子不在国君的位置上，但天天都在考虑君王之事。尽管南怀瑾先生将"不在其位，不谋其政"理解为，不在那个位置上，就不要指指划划地乱加评论，但仍改变不了孔子"不在其位，不谋其政"的言行不一。

泰伯·狂而不直

子曰：狂而不直，侗而不愿，悾悾而不信，吾不知之矣。

鹦鹉学舌 孔子说：貌似豪迈而内曲，貌似幼稚而内奸，貌似诚恳而无信，我实在是无法理解这样的人。

画蛇添足 看起来人很直率，满不在乎，内心里却是弯弯绕绕；看起来人很幼稚无知，内心里却高深莫测；看起来人很诚恳厚道，而内心里却诡计多端，这样的人，其实不在少数。

泰伯·学如不及

子曰：学如不及，犹恐失之。

鹦鹉学舌　孔子说：学无止境，我担心学慢了、学少了就是失去。

画蛇添足　逆水行舟，不进则退。不勤学苦学，就像失去一样。

泰伯·禹吾无间然

子曰：禹，吾无间然矣。菲饮食，而致孝乎鬼神；恶衣服，而致美乎黻（fú）冕；卑宫室，而尽力乎沟洫（xù）。禹，吾无间然矣。

鹦鹉学舌 孔子说：禹，我对他是无可挑剔了。他自己的饮食一点也不好，却尽心尽力地孝敬鬼神；他自己穿的衣服破烂不堪，国家的仪仗祭服却既讲究又华美；他自己的办公室极为卑陋，却全力兴修水利，沟河通渠。禹，我对他实在是无可挑剔了！

画蛇添足 在孔子眼中，一共有三个半圣人，或者叫三个半仁人：尧舜禹，三王占去了三个；颜回算半个，四舍五入，那么颜回勉强算作一个。

子罕·子罕言利

子罕言利，与（赞许）命，与仁。

鹦鹉学舌　孔子很少谈利，却很看重天命和仁德。

画蛇添足　子罕言利，却常言命，更常言仁，更是德不离口。

子罕·达巷党人

达巷党人曰：大哉孔子！博学而无所成名。

子闻之，谓门弟子曰：吾何执？执御乎？执射乎？吾执御矣。

鹦鹉学舌 达巷这个地方有人说：孔子真伟大啊！他学问渊博，因而不能以某一方面的专长来称赞他。

孔子听闻，对其学生说：我要专长于哪个方面呢？驾车呢？还是射箭呢？我还是驾车吧。

画蛇添足 孔子开玩笑说，我还是驾车吧。孔子为什么不说，我还是射箭吧？

"御"在中国是一个很特殊的字，御人、御国、御下，都叫御，有一个词还专门叫"统御"。统御是什么意思？就是统率统领。天子亲自率兵讨伐，干脆就叫御驾亲征，"御"甚至可以指代皇帝。所以孔子说："我还是驾车吧。"自有汉以来两千多年，差不多整个封建社会，都是孔子在"执御"，直到今天，我们仍然离不开孔子，仍然离不开孔子这个伟大的车夫，这个伟大的执御者！

子罕·子绝四

子绝四：毋意，毋必，毋固，毋我。

鹦鹉学舌 孔子杜绝了人常犯的四种毛病，从而做到：不主观臆测，不必然肯定，不固执己见，不自以为是。

画蛇添足 如果哪个领导能做到了这四条，绝对是个英明的领导。

子罕·子畏于匡

子畏于匡，曰：文王既没，文不在兹乎？天之将丧斯文也，后死者不得与于斯文也；天之未丧斯文也，匡人其如予何？

鹦鹉学舌　孔子被匡地的人们所围困时，他的学生们怕得要命。孔子说：周文王死了以后，传承周朝礼乐文化的重任不都落到我肩上了吗？上天如果要灭掉这种文化，那我就不可能掌握这种文化了；上天如果不想灭掉这种文化，那匡人又能把我怎么样呢？

画蛇添足　匡，地名，在今河南省长垣县西南。孔子率弟子从卫国去陈国的路上经过匡地，匡人曾受到鲁国阳虎的掠夺和残杀，孔子的相貌与阳虎相像，匡人误以为孔子就是阳虎，所以将他围困。"子畏于匡"，孔子是何等的临危不惧？又是何等的自信于天？老天保佑孔子，就是佑我中华，感谢上天吧！

子罕·太宰问于子贡

太宰问于子贡曰: 夫子圣者与? 何其多能也?

子贡曰: 固天纵之将圣, 又多能也。

子闻之, 曰: 太宰知我乎? 吾少也贱, 故多能鄙事。君子多乎哉? 不多也。

鹦鹉学舌 太宰问子贡说: 孔夫子是位圣人吧? 为什么这样多才多艺呢?

子贡说: 这本是上天让他成为圣人, 而且使他多才多艺。

孔子听后说: 太宰怎么会了解我呢? 我年少时家贫低贱, 为了谋生, 所以学了许多卑贱的技能。君子会有这么多的技能吗? 君子养尊处优, 绝不可能会这么多技能的。

画蛇添足　虽然孔子从不认为子贡是最好的学生，但子贡却认为孔子是最好的老师。子贡甚至认为，孔子的德行已经到了无以复加的程度，后边还会有专章论及此事。不过，子贡一开始却是看不起孔子的。子贡拜于孔子门下之前，就已经事业有成。所以子贡拜于孔子第一年，竟认为孔子还不如自己；勉强跟到第二年，认为孔子和他子贡差不多，没什么了不起；然而学完三年，子贡认为孔子那就是上天派下来的圣人，高不可攀。

子罕·吾不试

牢曰:"子云:'吾不试,故艺'。"

鹦鹉学舌 一个叫子牢的学生说:"老师曾讲过,'我(年轻时)没有把精力用在做官上,所以会许多技艺'。"

画蛇添足 明末清初大学问家顾炎武,为什么能成为大学问家?为什么能成为明之大儒?与孔子一样,没有把精力用在做官上,甚至就没做过官。古今中外,这样的大师数不胜数。现实生活中,这样的成功人士也有很多。

子罕·有鄙夫问于我

子曰：吾有知乎哉，无知也。有鄙夫问于我，空空如也，我叩其两端而竭焉。

鹦鹉学舌　孔子说：我有什么知识吗？我没什么知识。即便有一个很粗鄙的人来向我请教，对他的问题我也是什么也不知道。不过，我首先要从"两端"弄明白他问的动机是什么，问的目的是什么，然后再倾尽所能去帮助他。

画蛇添足　比如，一个人问："周公是谁？"孔子就反过来问他："你为什么问周公是谁？"此人回答："那天我听两个哥们在眉飞色舞地谈论周公，好像周公这个人很了不起。"孔子又问："你想知道周公这个人的目的是什么呢？"此人回答："我要知道了周公是谁，那我就可以回到村里高谈阔论了。"孔子明白了，原来这个人问周公是谁，是想在村人面前显摆，于是孔子就有的放矢地告诉他，你这样学习是有问题的……

再把"问答"重来一遍。一个人问:"周公是谁?"孔子就反过来问他:"你为什么问周公是谁?"此人回答:"那天我听两个哥们在很虔诚地谈论周公,好像周公很了不起。"孔子又问:"你想知道周公这个人的目的是什么呢?"此人回答:"我想学周公做一个被人们敬仰的人。"孔子搞明白了,原来这个人问周公是谁,是想做一个被后人仰慕的人物,于是孔子就有的放矢地告诉他,周公的美德……

子罕·凤鸟不至

子曰：凤鸟不至，河不出图，吾已矣夫！

鹦鹉学舌 孔子说：凤凰也不飞来了，黄河中也不再出现八卦图，看来我这一生就这样了！

画蛇添足 凤鸟，就是凤凰，传说中的祥瑞之鸟，往往出现于圣王或盛世之时。

河图：传说伏羲氏时黄河中出现一匹龙马，背上有一张图，伏羲氏就此画了八卦图。河出图，也是祥瑞之兆。

孔子借"凤鸟不至，河不出图"，发感慨，也发牢骚，叹生不逢时，叹怀才不遇。

子罕·子见齐衰者

子见齐衰（zīcuī丧服）者，冕衣裳者，与瞽者，见之，虽少，必作；过之，必趋。

鹦鹉学舌 孔子见到穿丧服的人，见到穿礼服、戴礼帽的人及盲人，只要见之，即便他们很年轻，也一定会起身；经过这些人身边时，也一定是匆匆而过。

画蛇添足 孔子见到穿丧服的人，要起身，如果是从其身边而过的话，也是匆匆而过，够仁；见到穿官服的或者有身份的人，也是如此，够恭；而盲人什么也看不见，你起不起身盲人不知道，你匆匆不匆匆盲人也不知道啊。可见孔子是内心仁而恭，孔子的仁和恭不是做给人看的。

子罕·仰之弥高

颜渊喟（kuì）然叹曰：仰之弥高，钻之弥坚，瞻之在前，忽焉在后。夫子循循然善诱人，博我以文，约我以礼，欲罢不能。既竭吾才，如有所立卓尔，虽欲从之，末由也已。

鹦鹉学舌　颜渊感叹说：孔夫子的学问越仰望，越觉得高不可及；越钻研，越觉得艰深莫测；看着它就在你的面前，但眨眼间它又出现在你的身后。孔夫子用循循善诱的方法，引导我广泛学习文章典籍，又用道德礼法约束我的言行。有时我真想停下来，但又欲罢不能。向孔夫子学习，我已经竭尽我的才力，但夫子之道好像仍然高不可攀；我虽然想要追随他、追上他，却找不到路。

画蛇添足　在颜回看来，孔子是最伟大的老师，没有之一；在孔子眼里，颜回是最好的学生，没有之一。孔子在回答鲁哀公问话时曾说：有一个叫颜回的学生好学，可惜颜回短命死了，再没有好学的学生了。

子罕·使门人为臣

子疾病，子路使门人为臣。病间，曰：久矣哉，由之行诈也！无臣而为有臣。吾谁欺？欺天乎？且予与其死于臣之手也，无宁死于二三子之手乎？且予纵不得大葬，予死于道路乎？

鹦鹉学舌 孔子病重，子路让孔子的学生扮演家臣，准备料理丧事。后来，孔子转危为安，知道了此事，说：仲由做这种欺诈之事很久啦！我明明没有家臣，却冒充有家臣。我欺骗谁呢？欺骗上天吗？况且，与其死在家臣手中，我宁可死在你们这些学生手中啊！纵使我死后不能按官员之礼来安葬，难道我会死在路上吗？

画蛇添足 即便我死后不能进八宝山，难道我就不死了吗？难道我就死在路边了吗？

子罕·有美玉于斯

子贡曰：有美玉于斯，韫（yùn）椟（dú）而藏诸？求善贾（gǔ）而沽诸？

子曰：沽之哉！沽之哉！我待贾者也。

鹦鹉学舌　子贡说：这里有一块美玉，是把它藏在柜子里呢？还是找一个识货的商人卖掉它呢？

孔子说：卖掉吧，卖掉吧！我正在等着识货的人呢。

画蛇添足　子贡以美玉比喻老师（孔子），然后问老师对出来做官的态度。孔子非常明确地表示，我正在等待识货的明主呢！从此段对话中，可见学生子贡之"放肆"，也可见老师孔子之坦诚。

子罕·君子居之

子欲居九夷。或曰：陋，如之何？

子曰：君子居之，何陋之有？

鹦鹉学舌　孔子想到边远蛮夷之地去居住。有人说：那地方非常鄙陋，怎么能居住呢？

孔子说：有君子住在那儿，怎么会鄙陋呢？

画蛇添足　孔子为什么要到边远蛮夷之地去居住呢？——怀才不遇，处处碰壁，心态再好的人，看来也会一时心灰意冷。

唐朝大诗人刘禹锡，受孔子"君子居之，何陋之有"启发，写了流芳千古的《陋室铭》：山不在高，有仙则名。水不在深，有龙则灵。斯是陋室，惟吾德馨。苔痕上阶绿，草色入帘青。谈笑有鸿儒，往来无白丁。可以调素琴，阅金经。无丝竹之乱耳，无案牍（dú）之劳形。南阳诸葛庐，西蜀子云亭。孔子云：何陋之有？

子罕·吾自卫反鲁

子曰：吾自卫反（返）鲁，然后乐正，雅颂各得其所。

鹦鹉学舌 孔子说：我从卫国回到鲁国，然后开始整理音乐，校正音律和《诗经》中的《雅》《颂》各篇，也使其《雅》的归于《雅》，《颂》的归于《颂》，不再像原来那么杂乱。

画蛇添足 孔子周游列国，第一站卫国，最后一站也是卫国；从鲁国出发时55岁，回到鲁国已68岁。55岁，即便现在也属老年之列，孔子还不甘心，还要率弟子们一国一国的去推销自己的思想；68岁无奈而归，已无心政治，随之专心教学，并潜心整理古代文献。

子罕·出则事公卿

子曰：出则事公卿，入则事父兄，丧事不敢不勉，不为酒困，何有于我哉？

鹦鹉学舌　孔子说：在外好好地侍奉领导，回家好好地侍奉父母兄弟，南邻北舍家有丧事不敢不全力地帮助料理，不为酒乱，除此之外，我还有什么困难呢？

画蛇添足　有多少大官小官，倒在酒上；有多少大事小事，坏在酒上；有多少男男女女，乱在酒上；有多少家庭，毁在酒上。孔子一句"不为酒困"，从另一面预言了千古人生。

子罕·子在川上曰

子在川上曰：逝者如斯夫，不舍昼夜。

鹦鹉学舌　孔子站在河岸上说：时光像河水一样流去，日夜不停。

画蛇添足　想象一下，此时此地又面对此情此景的这样一位空前绝后的哲学大师的千古情怀吧！

子罕·吾未见

子曰：吾未见好德如好色者也。

鹦鹉学舌　孔子说：我没见过喜爱道德像喜爱女色一样的人！

画蛇添足　大师就是大师，孔子真敢说呀！《礼记》有言："饮食男女，人之大欲存焉"，据说也是出自孔子之口。《诗经》三百篇，开篇便是"关关雎鸠，在河之洲。窈窕淑女，君子好逑。"与孟子同时代的告子说："食、色，性也。"可见，我们的先贤圣祖，并没有"谈色色变"。

子罕·譬如为山

子曰：譬如为山，未成一篑，止，吾止也。譬如平地，虽覆一篑，进，吾往也。

鹦鹉学舌　孔子说：就像堆土成山，只要再加一筐土便成山了，如果停止了，这是我自己停止的。又好比填平土地，即便才倒下一筐，如果要继续，那也是我自己的进取。

画蛇添足　我曾经误以为"功亏一篑"是出自此处，后来才知道"功亏一篑"出自更久远的《尚书·旅獒》："为山九仞，功亏一篑。"孔子在讲了"止，吾止也……进，吾往也"之后，就又号召他的弟子们向颜回学习，见下篇。

子罕·语之而不惰者

子曰：语之而不惰者，其回也与。

子谓颜渊曰：惜乎！吾见其进也，未见其止也。

鹦鹉学舌　孔子说：听我讲了之后，却从不懈怠的人，只有颜回！

孔子谈到颜渊时又说：这样的人真难得啊！我只看到他不断地学习进取，从未看到他停止歇息。

画蛇添足　颜回学而不厌，又如此听话，在老师眼里绝对的好学生，绝对的级部第一名。但按当下的一些理论，第一名往往又不会有大的造化，太听话缺少逆反精神，成不了大器。当然孔子的标准是"君子不器"。

子罕·苗而不秀

子曰：苗而不秀者，有矣夫！秀而不实者，有矣夫！

鹦鹉学舌　孔子说：只长苗而不开花者有啊！只开花而不结果者也有啊！

画蛇添足　苗而不秀，秀而不实，现实生活中，这种人不乏其人。

子罕·后生可畏

子曰：后生可畏，焉知来者之不如今也？四十、五十而无闻焉，斯亦不足畏也已。

鹦鹉学舌　孔子说：年轻人是值得敬畏的，你怎么知道后来的人就不如今天的人呢？如果一个人到了四五十岁还默默无闻，那他就没有什么可以敬畏的了。

画蛇添足　80年代，独生子女被称为垮掉的一代；后来，网上少年又被称为垮掉的一代；现在又说沉迷手机游戏的年轻人为垮掉的一代……但现实却是后浪推前浪，一代更比一代强。可见，后生真的可畏。

小瞧什么人，也不要小瞧年轻人，更不要小瞧小孩子。不过人的老毛病总是"今不如昔，后不如今"。

子罕·法语之言

子曰：法语之言，能无从乎？改之为贵。巽（xùn 恭维之意）与之言，能无说（悦）乎？绎之为贵。说（悦）而不绎，从而不改，吾末如之何也已矣。

鹦鹉学舌 孔子说：用合乎礼法的话劝告人，谁能不接受呢？有错改之可贵。恭维赞许的话，谁听了能不高兴呢？明辨真假为贵。盲目高兴，不辨是非；表面接受，实际不改，这种人我是无可奈何了！

画蛇添足 能闻过则喜的是圣贤，能闻过则改的是君子；能明辨恭维的是圣贤，能不被恭维打倒的是君子。

子罕·主忠信

子曰：主忠信，无友不如己者，过则勿惮改。

鹦鹉学舌　孔子说：人以忠言为本，不要与忠信不如己者交朋友，有错误不要怕改正。

画蛇添足　《论语·学而》中孔子曾讲过此言。忠信，再和忠信之人交朋友，不和不忠不信之人交朋友，有错不怕改，这样的人差不多就是君子了。道不同，不相为谋，我连朋友都不和你做。

子罕·三军可夺帅

子曰：三军可夺帅也，匹夫不可夺志也。

鹦鹉学舌 孔子说：军队的统帅可以被杀、被逮、被改变，但男子汉的志向不可动摇。

画蛇添足 "吾十有五而志于学"——孔子十五岁立志于学，终生未改——"三军可夺帅也，匹夫不可夺志也"，应该就是孔子的自励之言。

子罕·衣敝缊袍

子曰：衣敝缊（yùn）袍，与衣狐貉（hé）者立，而不耻者，其由也与！"不忮（zhì嫉妒）不求，何用不臧（zāng好的意思）？"子路终身诵之。子曰：是道也，何足以臧？

鹦鹉学舌 孔子说：穿着破旧的袍子，与穿着狐貉裘皮衣服的人站在一起，而不觉得耻于人的，大概只有仲由吧！《诗经》上说："不嫉妒，不贪求，有何不好呢？"子路听了老师的表扬，从此常常背诵此段诗文。孔子又说："能做到这个样子算是善行了，又怎么算得上足够好呢？"

画蛇添足 放在今天，子路会不会像个别年轻人一样，贷款甚至卖血也要去买上一部苹果手机呢？

他哪有我的精神财富多！

子罕·岁寒

子曰：岁寒，然后知松柏之后凋也。

鹦鹉学舌　每年到了最寒冷的季节，才知道松柏常青，不会凋落。

画蛇添足　陈毅有诗："大雪压青松，青松挺且直。要知松高洁，待到雪化时。"把陈毅诗略改："大雪压青松，青松挺且直。要知松高洁，待到岁寒时。"

子罕 · 知者不惑

子曰：知者不惑，仁者不忧，勇者不惧。

鹦鹉学舌　孔子说：智慧之人不迷惑，仁德之人不忧愁，勇敢之人不畏惧。

画蛇添足　在《论语·宪问》中子曰："君子道者三，我无能焉，仁者不忧，知者不惑，勇者不惧。"孔子说：君子之道有三，我还未能做到——仁者不忧，知者不惑，勇者不惧。

子罕·可与共学

子曰：可与共学，未可与适道；可与适道，未可与立；可与立，未可与权。

鹦鹉学舌　孔子说：可以同学的人，未必都能学到君子之道；能学到君子之道的人，未必能坚守君子之道；能坚守君子之道的人，未必能因地、因时权衡应变。

画蛇添足　学、道、立、权——是学习与应用的四个境界呢？还是人生的四个层次呢？

乡党·食不厌精

食不厌精，脍（kuài）不厌细。食饐（yì）而餲（ài），鱼馁而肉败不食；色恶不食；恶臭不食；失饪不食；割不正不食；不得其酱不食；肉虽多，不使胜食气；唯酒无量，不及乱；沽酒市脯不食；不撤姜食，不多食；祭于公，不宿肉；祭肉，不出三日，出三日，不食之矣。

鹦鹉学舌 这是孔子的弟子描述和记录孔子对祭祀的态度和行为。本文用不着翻译，也都看个大意。食不厌精，脍不厌细，这是孔子关于祭祀用料总的原则，接下来便是这也不能吃那也不能吃，讲究很多……

画蛇添足 "为礼不敬"——行礼也好，举行仪式也好，走过场，心不诚。对此，孔子曾说，我是实在看不下去了。孔子关于祭祀——祭天、祭地、祭神、祭祖、用料、用饭、用酒的态度，体现的就是孔子的"为礼则敬"，"为礼则诚"，是真敬，是真诚！

乡党·席不正不坐

席不正不坐。

鹦鹉学舌　这仍然是孔子弟子记录和描述的孔子的行为。那时还没椅子和桌子，家境好一点的人家招待客人时，就在地上铺一张草席，因此叫席地而坐。孔子比较讲究，席子摆的不正不坐。

画蛇添足　有人对这种解释不满，认为席不正不坐，其意为席位安排不正确不能入席就座。孔子出于鲁，编者也是鲁人，鲁就是山东，至今对席位的安排还极为讲究，无论是城里还是乡下，席位安排错了，或者是坐错了，不但闹出笑话，还可能闹出乱子甚至人命。因安排错了席位，客人给你掀了桌子，这种事，即便现在，在乡下也偶有发生。在山东设宴，主陪副陪的座席是很严格的，主宾副宾三宾四宾的席位也是很严格的：主陪副陪相对而坐，主宾坐主陪的右侧，副宾坐主陪的左侧，三宾和四宾则分坐副陪的右边和左边。所以，首先要确定的是主陪的席位，主陪的席位确定了，接下来才好安排。主陪席位在哪儿呢？主陪席位一般是在进门的对过。不过现在更好识别了，餐桌布巾卷起来高高的插在杯子里或者摆在桌子上的那个座位即是主陪席位。

乡党·厩焚

厩焚。子退朝，曰：伤人乎？不问马。

鹦鹉学舌　养马的棚子起了火。孔子退朝回家，问：伤人了吗？没有问马的情况。

画蛇添足　首先问人，符合人性，更符合孔子之德性，不过问完人没有再问马，好像也说不通，马在那时可是最重要的家庭财产啊！孔子对马也是极其在意的啊！这是有证据的——颜回死后，其父无钱给儿子买椁（guǒ），就请求孔子说：你不是最爱你的学生颜回吗？你把你的车卖了，或者直接用你的车，为他打副椁吧！结果呢，孔子强调了很多理由，就是没有答应颜回的父亲。既在意车，当然会在意马，马车嘛！所以有学者就重新对本段作了标点：

厩焚。子退朝，曰：伤人乎？不（否fǒu）。问马。

在古代，"不"确实同"否"，这在辞海类工具书上，解释得很清楚。如果是这样，译文就变了：

马棚起了火，孔子退朝回家，问：伤人了吗？有人回答：没有（否）。然后孔子又问：马伤了吗？

先进·从我于陈

子曰：从我于陈、蔡者，皆不及门也。德行：颜渊、闵子骞、冉伯牛、仲弓。言语：宰我、子贡。政事：冉有、季路。文学：子游、子夏。

鹦鹉学舌　孔子说：当年跟着我在陈国、蔡国间游学的弟子，现在都不在身边了。在这些弟子中，道德行为出类拔萃的是：颜渊、闵子骞、冉伯牛、仲弓。言语交际出类拔萃的是：宰我、子贡。为政做事出类拔萃的是：冉有、季路。研究古典文献出类拔萃的是：子游、子夏。

画蛇添足　孔子所点名道姓的这十个人，后世称为孔门十哲。孔门十哲当中，冉耕（字伯牛）、冉雍（字仲弓）、冉求（字子有），史称"一门三贤"，也有称"孔门三冉"的。孔门十哲，冉家有三；孔门七十二贤，冉家还是有三。冉家在哪儿？冉家在山东省定陶冉堌镇。

先进·非助我者

子曰: 回也, 非助我者也, 于吾言, 无所不说。

鹦鹉学舌　孔子说: 颜回, 无助于我, 不管我说了什么, 他都心悦诚服。

画蛇添足　孔子为什么这样说呢? 因为颜回太听话了, 太崇拜老师了, 不像子贡他们, 动不动就向老师提一些刁钻的问题, 甚至故意出一些难题。"忠言逆耳, 良药苦口", 虽出自后辈之口, 孔子作为千古圣贤, 不可能不洞悉其中之真谛。尽管在孔子眼中, 颜回是最好的学生, 没有之一, 但颜回的缺点, 孔子看得非常清楚。

先进·孝哉闵子骞

子曰：孝哉闵子骞！人不间于父母昆弟之言。

鹦鹉学舌 孔子说：闵子骞真孝呀！他的父母兄弟都说他孝，外人听了，也从没有什么异议。

画蛇添足 闵子骞，名损，字子骞，二十四孝之一。安徽萧县有一个叫"孝哉闵子骞鞭打芦花车牛返"——简称车牛返的村子。无疑，这"车牛返村"拥有中国最长村名。闵子骞少时丧母，其父又续娶继母，继母又生二子。一年冬天，闵子骞随父驱车外出路经"车牛返村"，其父看闵子骞穿着厚厚的棉衣却冻得瑟瑟发抖，同车的同父异母弟弟好像一点也不冷，其父自己也没觉得多冷，于是气不打一处来，扬起牛鞭抽打闵子骞。几鞭子下去，棉衣开裂，飞出的不是棉花而是芦花。真相大白，其父即刻"牛调头、车回返"——回家便要休妻。闵子骞便跪求父亲："母在一子寒，母去三子单。留下高堂母，全家得团圆"。在闵子骞哭求之下，其父原谅了继母。继母深受感动，从此对闵子骞视为己出。根据这个传说，后人出了多个艺术形式的《鞭打芦花》。"鞭打芦花"也成了安徽的非物质文化遗产。

先进·弟子孰为好学

季康子问：弟子孰为好学？

孔子对曰：有颜回者好学，不幸短命死矣，今也则亡。

鹦鹉学舌　季康子问：你的学生中谁是最好学的呢？

孔子回答说：有一个叫颜回的很好学，很不幸，他年纪轻轻的就死了，现在没有他那样的学生了。

画蛇添足　鲁哀公曾向孔子问过同样的话，只不过孔子回答得更详细。当时孔子回答说：有一个叫颜回的很好学，他从不迁怒于人，也从不犯同样的错误，不过，很不幸，他年纪轻轻的就死了，现在没有他那样的学生了，也没有听说谁是很好学的。

先进·颜路请子之车

颜渊死，颜路请子之车以为之椁（guǒ）。子曰：才不才，亦各言其子也。鲤也死，有棺而无椁。吾不徒行以为之椁。以吾从大夫之后，不可徒行也。

鹦鹉学舌 颜渊死了，颜路请求孔子卖了自己的车子为颜渊买一副棺外之椁。孔子说：有才和无才，对各自来说都是自己的儿子。我的儿子孔鲤死了，只有内棺而无外椁。我不曾为我儿子买椁而卖车，从而徒步行走。自我做大夫（官）后，是不可以徒步行走的啊！

画蛇添足 颜路，是颜渊（颜回）的父亲，也是孔子的弟子。这样说来，颜路与颜回这对父子应该是同学。在孔子弟子中，父子同学的至少还有一对，那就是曾点和曾参。

"才不才，亦各言其子也"。这句话的意思是说：颜回有才，是你的儿子；孔鲤无才，是我的儿子。有才没才，都是各自的儿子。

车卖了，我无法出行了！

先进·天丧予

颜渊死，子曰：噫！天丧予！天丧予！

鹦鹉学舌　颜渊死了，孔子悲恸地说：啊，老天爷，你要我的命呀！老天爷，你要我的命呀！

画蛇添足　在《论语·述而》中孔子曾对颜渊说：君王用我呢，我就以行动报效国家；不用我呢，我就隐藏起来做我的学问。能达此境界的，大概只有我和你了。

孔子几乎把颜回看成了另一个自己。颜回死了，几乎是唯一一个与自己心心相通的人死了，孔子如此哭天抢地就一点也不奇怪了。

先进·子哭之恸

颜渊死，子哭之恸。从者曰：子恸矣。

子曰：有恸乎？非夫（fú）人之为恸而谁为？

鹦鹉学舌　颜渊死了，孔子哭得极其悲痛。跟着孔子的人说：您太悲痛了啊！

　　孔子说：是太悲痛了吗？我不为这样的人悲痛，还能为什么样的人悲痛呢？

画蛇添足　那么，颜回到底是个什么样的人呢？孔子在回答季康子和鲁哀公提问时都曾说：颜回死了，再也没有好学的学生了。这仅仅是孔子对颜回的评价之一。

先进·门人欲厚葬

颜渊死，门人欲厚葬之。子曰：不可。

门人厚葬之。子曰：回也，视予犹父也，予不得视犹子也。非我也，夫二三子也。

鹦鹉学舌　颜渊死后，孔子的学生们想厚葬他。孔子说：不可以。

学生们仍然厚葬了颜渊。孔子叹曰：颜回呀！你活着的时候视我如父，你死了我却不能视你如子呀！厚葬你，这不是我的本意呀，是你那帮同学们干的呀！

画蛇添足　孔子不为颜回卖车买椁就罢了，为什么又要阻止弟子们厚葬自己的同学呢？

孔子在《论语·雍也》中曾盛赞颜回说：颜回，真是个大贤人啊！用一个竹筐盛饭，用一只瓢喝水，住在简陋的巷子里。谁也受不了那种穷困忧愁，颜回却照样快活。颜回，真是个大贤人啊！

颜回生而短暂，仁以为己任，不追求物质享受，死了，你们却厚葬他，这不是玷污其仁德吗？

先进·季路问事鬼

季路问事鬼神。子曰：未能事人，焉能事鬼？

季路曰：敢问死。

子曰：未知生，焉知死？

鹦鹉学舌　季路问如何侍奉鬼神。孔子说：人还侍奉不好，怎么去侍奉鬼神？

季路又说：那我能问死是怎么回事吗？

孔子说：对生都不清楚，哪里能知道死呢？

画蛇添足　在《论语·雍也》中，孔子曾表明对鬼神的态度：敬鬼神而远之——敬你，但还是离你远一点好。这里边应该还隐藏着一层意思：敬你，但不能依靠你。孔子从来不说"有鬼有神"，也从来不说"无鬼无神"。对鬼神，就是"敬而远之"。

先进·由之瑟

子曰：由之瑟，奚为于丘之门？

门人不敬子路。

子曰：由也升堂矣，未入于室也。

鹦鹉学舌 孔子说：仲由弹瑟，你为什么要到我家里来弹呢？

因孔子批评了子路，其弟子也不满于子路。

于是孔子又说：仲由对音乐的造诣其实已经达到升堂的程度了，只是还没有入室罢了。

画蛇添足 孔子为什么要说"仲由弹瑟，你为什么要到我家里来弹呢？"有人猜测，可能是因为子路弹的曲子里有杀伐之声，所以引起孔子不满。如果是这样，孔子的意思就好理解了：你这些打打杀杀的曲子，为什么要在我家里弹呢？

孔子的批评引来弟子们的不满，于是孔子又对弟子们正确引导：抛开弹的内容不讲，单就音乐修养来说，仲由已经升堂，只是尚未入室。

中国的又一个成语，升堂入室（登堂入室）就这样产生了。

先进·师与商

子贡问：师与商也孰贤？子曰：师也过，商也不及。

子贡曰：然则师愈与？子曰：过犹不及。

鹦鹉学舌 子贡问孔子：师和商这两个人谁更好一些呢？孔子回答说：师做事容易过分，而商做事容易不足。

子贡说：那就是商好一些吗？孔子说：过犹不及（过分和不足是一样的）。

画蛇添足 师与商是子贡的同学，同为孔子的学生。师，复姓颛孙，名师，字子张，耿直仗义，偏激好勇，所以孔子说他做事容易过头。商，姓卜，名商，字子夏，性格阴郁，以文学著称，孔门十哲之一。孔子为什么说他做事容易不及，不好考据。子贡也真可爱，竟然向老师请教这样的问题，要老师当面直接评价他的两个同学。

先进·季氏富于周公

季氏富于周公，而求也为之聚敛，而附益之。子曰：非吾徒也。小子鸣鼓而攻之，可也。

鹦鹉学舌 季家比周天子身边那些公侯都富有了，而冉求作为其管家还帮其变本加厉地聚敛钱财。孔子说：冉求不再是我的学生了，你们可以大张旗鼓地去攻击他了。

画蛇添足 冉求，字子有，孔门十哲之一，孔子曾将其列为政事第一名，但在这里孔子又是如此憎恨冉求。尽管如此，冉求对老师却是始终如一地爱。孔子周游列国十四年，在外很不如意，最终还是在冉求的一手操作之下，才把孔子迎回国。孔子严厉批评甚至骂过不止一个弟子，但没发现哪个弟子埋怨过老师。这就是孔子，这就是孔子和他的弟子。

先进·柴也愚

柴也愚，参也鲁，师也辟，由也喭（谚：粗俗）。

鹦鹉学舌 高柴天性憨厚，曾参天性鲁钝，颛孙师天性固执，仲由天性粗鲁。

画蛇添足 表面上看起来这是孔子对四个学生的评价，实际上这是孔子在因人施教。

先进·回也其庶乎

子曰：回也，其庶乎！屡空。赐不受命，而货殖焉，亿（臆）则屡中。

鹦鹉学舌 孔子说：颜回，他的道德修养已经差不多了，可他总是贫困。端木赐不听天，不由命，不安分，不守己，到处经商做生意，预测市场行情又往往很准。

画蛇添足 用今天的话说，颜回就是一介书生，一生安贫乐道；而子贡这个人，学习上虽不甚用功，功课却也不错，特别是在学以致用上，那是一等一，政治、经济、军事、外交、经商，样样出类拔萃。从经济上讲，孔子没少得子贡接济，孔子师徒"困于陈蔡"，也是子贡到楚国搬兵相救。但是，孔子对子贡就是看不上眼，并多次拿他和颜回比。也难怪，那时的标准就是"士农工商"——士，是第一位的。

先进·子张问善人之道

子张问善人之道。子曰：不践迹，亦不入于室。

鹦鹉学舌　子张问做善人的道理。孔子说：做善事不要刻意留下什么善迹，也不要认为自己有多么高尚。

画蛇添足　在前边曾讲到"过犹不及"——过，指的就是这个子张（颛孙师）。子张这个人，耿直仗义，偏激好勇，做事容易过头，甚至是夸张，所以孔子在这里又因人施教。前边讲到"仲由弹瑟"时，我们了解了"升堂入室"——由也升堂矣，未入于室也。"未入于室也"与"亦不入于室"，其意同。

先进·论笃是与

子曰：论笃是与，君子者乎，色庄者乎？

鹦鹉学舌　孔子说：人们总是赞许那些言语忠实之人，但这种人是真正的君子呢，还是仅仅从外貌上看起来庄重诚实呢？

画蛇添足　大奸似忠，大忠似奸，千难万难，没有比观人更难。要想不难，就要像前述孔子所说：听其言，观其行，甚至是要观其一生之行。

先进 · 闻斯行诸

子路问: 闻斯行诸? 子曰: 有父兄在, 如之何其闻斯行之?

冉有问: 闻斯行诸? 子曰: 闻斯行之!

公西华曰: 由也问"闻斯行诸", 子曰: "有父兄在"; 求也问"闻斯行诸", 子曰: "闻斯行之"。赤也惑, 敢问。

子曰: 求也退, 故进之; 由也兼人, 故退之。

鹦鹉学舌 子路问: 听到一个道理就去实行吗? 孔子说: 家里有父母兄弟老婆孩子, 怎么能说做就做呢?

冉有问: 听到一个道理就去实行吗? 孔子说: 听到了就去实行。

公西华说: 仲由问您: 闻道就去实行吗? 您说: 有父兄在。冉有问您: 闻道就去实行吗? 您说: 闻道就要行动。同样的问题, 您的回答却截然不同, 我这做学生的就糊涂了, 所以就冒昧地问您, 这是为什么?

孔子说: 冉有做事犹豫, 所以要鼓励他; 子路性格急躁, 敢作敢为, 所以要约束他。

画蛇添足 因人施教, 因材施教, 因性施教——孔子真乃师之师! 仲由, 字子路。子路、冉有、公西华皆为孔子学生。

先进·子畏于匡

子畏于匡，颜渊后。子曰：吾以女（rǔ）为死矣。颜渊曰：子在，回何敢死？

鹦鹉学舌 孔子师徒在匡地受到当地人围困，颜渊最后才逃出来。孔子说：我以为你已经死了呢！颜渊说：夫子还活着，我这做弟子的怎么敢死呢？

画蛇添足 这里说的是孔子为弟子忧，为第一弟子忧，及第一弟子的回答。同一件事，在《论语·子罕》中说的是弟子为老师忧及老师的回答——孔子被匡地的人所围困时，他的学生们怕得要命。孔子说：周文王死了以后，传承周朝礼乐文化的重任不都落到我的肩上了吗？上天如果要灭掉这种文化，那我就不可能掌握这种文化了；上天如果不想灭掉这种文化，那匡人又能把我怎么样呢？颜渊的回答也好，孔子的回答也好，不仅仅是幽默……

先进 · 季子然问

季子然问：仲由、冉求可谓大臣与？子曰：吾以子为异之问，曾由与求之问。所谓大臣者，以道事君，不可则止。今由与求也，可谓具臣矣。（季子然）曰：然则从之者与？子曰：弑父与君，亦不从也。

鹦鹉学舌　季子然问：仲由和冉求可以说是大臣吗？孔子说：我以为你要问其他人呢？你竟问仲由和冉求。所谓大臣，应该是以仁道侍奉君主，如果君主听不进仁道，他宁肯辞职不干了。现在仲由和冉求这两个人，只能算是充数的臣子罢了。季子然又问：这么说这两人是唯君命是从的了？孔子说：在杀父和弑君这样的原则问题上，他们是不会服从的。

对君主，你们会唯命是从吗？

请老师放心，我们会坚守原则的！

画蛇添足　季氏家族把持朝政，架空鲁国君主，孔子对此一向不满。仲由与冉求作为家臣服务于季氏，孔子对这两个学生，也是不满；特别是对这两个弟子不能劝止季氏的恶行，孔子更是不满，《论语》中有多处表现。在前述"季氏富于周公"中，对冉求帮助季氏变本加厉地敛财，孔子甚至说：我已经与冉求断绝师生关系了，弟子们，你们可以群起而攻之了。尽管孔子对这两个弟子不满，尽管说他们也就是充数的臣子，但孔子仍然认为，这两个弟子在大是大非的问题上，不会向季氏妥协。

先进·子羔为费宰

子路使子羔为费宰。子曰：贼夫人之子。

子路曰：有民人焉，有社稷焉，何必读书，然后为学。

子曰：是故恶夫佞者。

鹦鹉学舌 子路介绍他的同学子羔到费邑当长官，孔子说：你这是害人子弟呀！

子路说：那里有老百姓，有土地辖区，处处皆学问，为什么只有读书才叫学习呢？

孔子说：正因为如此，我才更讨厌那些花言巧语狡辩的人。

画蛇添足 "读书是学习，使用也是学习，而且是更重要的学习。"这是毛泽东在《中国革命战争的战略问题》一文中的一段名言。毛泽东没进过军事院校，当时甚至还没读过《孙子兵法》，但他指挥了一批黄埔学生，打败了另一批黄埔学生及其蒋校长。毛泽东的那些追随者，大都不识字，然而在实战中大都建功立业。其实，子路的话是有道理的。当然，孔子的话，也有其道理。

颜渊·颜渊问仁

颜渊问仁。子曰：克己复礼为仁。一日克己复礼，天下归仁焉。为仁由己，而由人乎哉？

颜渊曰：请问其目。

子曰：非礼勿视，非礼勿听，非礼勿言，非礼勿动。

颜渊曰：回虽不敏，请事斯语矣。

鹦鹉学舌 颜渊问怎样做才是仁。孔子说：克制自己，复归于周礼就是仁。一旦人们能够克制自己复归周礼了，天下就复归于仁了。追求仁道完全在于自己，难道还由他人决定吗？

颜渊说：老师，追求仁请告诉我应该从哪些事情做起？

孔子说：不合于礼法的现象不要看，不合于礼法的声音不要听，不合于礼法的话不要说，不合于礼法的事不要做。

颜渊说：我颜回虽不聪明，但我会听话照做。

画蛇添足 颜回一生不求做官，不求物质享受，只追求仁德，在前述《论语·雍也》中孔子曾表扬颜回，不但不做有违仁德之事，在内心都可以做到几个月不想有违仁德之事——回也，其心三月不违仁。

颜渊·仲弓问仁

仲弓问仁，子曰：出门如见大宾，使民如承大祭；己所不欲，勿施于人；在邦无怨，在家无怨。仲弓曰：雍虽不敏，请事斯语矣。

鹦鹉学舌　仲弓问怎样做才是仁。孔子说：出门就像去见贵宾，虔诚庄重；役使民众就像去承担重大祭祀之任，严肃认真；自己不想要的，不要强加给别人；为国做事没有抱怨，为大夫家做事没有抱怨。仲弓说：我冉雍虽不聪明，但我会听话照做。

画蛇添足　在后边的《论语·卫灵公》中，子贡问曰：有一言而可以终身行之者乎？子曰：其"恕"乎！己所不欲，勿施于人。在《论语》中孔子至少两次很明确地讲到"己所不欲，勿施于人"。仲弓，姓冉，名雍，字仲弓。孔子"一门三贤"兄弟中排行老二。

颜渊·司马牛问仁

司马牛问仁。子曰：仁者，其言也讱（rèn，**说话缓慢慎重**）**。（司马牛）曰：其言也讱，斯谓之仁已乎？子曰：为之难，言之得无讱乎？**

鹦鹉学舌　司马牛问怎样做才是仁。孔子说：仁者说话要慎重。司马牛说：说话慎重，这就叫仁了吗？孔子说：说话容易做起来难，所以说话能不慎重吗？

画蛇添足　司马牛，复姓司马，名耕，字子牛，孔子弟子，宋国人，其性格"多言而躁"，所以孔子教育他"其言也讱"。

颜渊·司马牛问君子

司马牛问君子。子曰：君子不忧不惧。

司马牛曰：不忧不惧，斯谓之君子已乎？

子曰：内省不疚，夫何忧何惧？

鹦鹉学舌 司马牛问怎样做才算君子。孔子说：君子不忧愁，不恐惧。

司马牛追问道：不忧愁，不恐惧，这就是君子了吗？

孔子说：君子常自我反省，从而做到问心无愧，哪还有什么忧愁和恐惧呢？

画蛇添足 不做亏心事，不怕鬼叫门。不犯刑事，何怕警车？不贪污受贿，何来夜半惊醒？

颜渊·司马牛忧曰

司马牛忧曰：人皆有兄弟，我独亡！

子夏曰：商闻之矣：死生有命，富贵在天。君子敬而无失，与人恭而有礼，四海之内，皆兄弟也。君子何患乎无兄弟也？

鹦鹉学舌 司马牛很忧愁地说：人人皆有兄弟，独我没有呀！

子夏说：我曾听说过："死生有命，富贵在天。"君子只要能敬人，做事没有差错，对人恭而有礼，那四海之内都是你的兄弟呀！君子何忧没兄弟呢？

画蛇添足 子夏，姓卜，名商，字子夏。"司马牛之叹"或者叫"司马牛之忧"，是一个汉语词汇，常被人引用，以喻自己或他人孤立无助。《红楼梦》中，黛玉父母双亡，孤身寄人篱下；宝钗父亲早死，与母亲及那个不争气的哥哥一同寄人篱下。所以，宝钗曾这样劝慰黛玉：咱们也算同病相怜。你也是个明白人，何必作"司马牛之叹"？

颜渊·子贡问政

子贡问政。子曰：足食，足兵，民信之矣。

子贡曰：必不得已而去，于斯三者何先？子曰：去兵。

子贡曰：必不得已而去，于斯二者何先？子曰：去食。自古皆有死，民无信不立。

鹦鹉学舌 子贡向孔子请教治国之策。孔子说，只要有足够的粮食，足够的军备以及人民的信任就可以了。

子贡问，如果迫不得已要去掉一项，三项中先去掉哪一项呢？孔子说：去掉军备。

子贡又问，如果迫不得已还要去掉一项，两项中去掉哪一项呢？孔子说，去掉粮食。反正自古以来人早晚要死，但民不信任你，什么都谈不上了。

画蛇添足 难道孔子不知道不吃饭人会立马死掉吗？孔子是要特别强调"民无信不立"！

颜渊·棘子成曰

棘子成曰：君子质而已矣，何以文为？

子贡曰：惜乎夫子之说君子也！驷不及舌。文犹质也，质犹文也，虎豹之鞟（kuò）犹犬羊之鞟。

鹦鹉学舌 棘子成说：君子只要具有良好的品质就行了，何必要那些表面的形式呢？

子贡说：啊呀！先生，您怎么这样谈论君子呢？一言既出，驷马难追。形式就像本质，本质就像形式，都是同等重要的。去掉了毛的虎皮和豹皮，同去掉了毛的狗皮和羊皮有什么两样呢？

画蛇添足 驷不及舌，是"一言既出，驷马难追"的出处之一。《邓析子·转辞》中也有类似之语："一言而非，驷马不能追；一言而急，驷马不能及。"

子贡与邓析是同时代人，子贡比邓析小二十五岁，邓析死的时候，子贡还不到20岁，所以应该是邓析其言在前。

再有学识、身份的人，脱光了不就和普通人一样吗？

颜渊·年饥

哀公问于有若曰：年饥，用不足，如之何？有若对曰：盍（何）彻乎？（彻：十抽一的一种税法）

哀公曰：二，吾犹不足，如之何其彻也？有若对曰：百姓足，君孰与不足？百姓不足，君孰与足？

鹦鹉学舌 鲁哀公问有若说：遭了饥荒，国家财政不足，怎么办？有若回答说：荒年，歉收，你少抽一点农业税，十抽一就可以了。

鲁哀公说：现在十抽二的农业税，国家财政还不足，怎么能十抽一呢？有若说：百姓富足，君主怎么会不足呢？百姓不足，甚至没了收成，君主上哪里抽成呢？上哪里去富足呢？

画蛇添足 有子（有若）"藏富于民，民富才能国富"的思想，影响了中国整个的农业社会，并且仍然在影响着当下的政治。

是国富民才强，还是民富国才富，留诗后世验证吧！

颜渊·子张问崇德

子张问崇德、辨惑。子曰：主忠信，徙义，崇德也。爱之欲其生，恶之欲其死。既欲其生，又欲其死，是惑也。

鹦鹉学舌 子张问怎样尚德、如何辨惑。孔子说：以忠信为中心，以义而行，这就是尚德。爱一个人，就希望他活下去；讨厌一个人，就恨不得他死去。既要他活，又要他死，这就是惑。

画蛇添足 既生瑜，何生亮，是大惑；爱得要命，恨得要死，是大惑；既想得到，又不想付出，是大惑；有大欲，而无大能，是大惑。自知者少惑，知足者少惑。自知者和知足者皆为智者。在《论语》中孔子至少说过两次"智者不惑"。

虽然我没本事赚钱，但我却恨努力赚钱的人！

颜渊·齐景公问政

齐景公问政于孔子。孔子对曰：君君，臣臣，父父，子子。

公曰：善哉！信如君不君，臣不臣，父不父，子不子，虽有粟，吾得而食诸？

鹦鹉学舌 齐景公向孔子请教治国之策。孔子回答说：国君的行为要合乎国君的要求，臣子的行为要合乎臣子的要求，父亲的行为要合乎父亲的要求，儿子的行为要合乎儿子的要求。

齐景公说：说得好啊！如果国君不像国君，臣子不像臣子，父亲不像父亲，儿子不像儿子，即使有粮食，我能吃得到吗？

画蛇添足 即使在以法治世的当下，伦理关系也是这个社会的基础。伦乱了，理便乱了，社会便乱了，团体便乱了，家庭便乱了，一切的一切，都就乱了。其实，伦理关系，不仅是社会的基础，也是法律和治制的基础。

颜渊·听讼

子曰：听讼，吾犹人也；必也使无讼乎！

鹦鹉学舌　孔子说：审理案子，我和别人一样，重要的是使诉讼不再发生。

画蛇添足　中国传统文化中"无讼"之思想，起源于孔子。与"无讼"伴之而生的便是"息讼"和"止讼"。《周礼》有言："结信止讼"。结信，用今天的话说，就是合同，或者叫签订合同。按合同契约办事，诉讼自然就少了。

颜渊·子张问政

子张问政。子曰：居之无倦，行之以忠。

子曰：博学于文，约之以礼，亦可以弗畔（叛）矣夫。

子曰：君子成人之美，不成人之恶。小人反是。

鹦鹉学舌　子张问为政之道。孔子说：在职，要努力不懈；执行，要忠诚不贰。

孔子又说：广泛学习，并用礼法约束自己，就不会离经叛道了。

孔子还说：君子成全别人的好事，不帮别人做坏事。小人正好相反。

画蛇添足　我们平时总说"君子成人之美"，可是我们忘了，甚至根本就不知道还有下半句——君子"不成人之恶"。我们更忘了，甚至更不知道"小人反是"。

颜渊·季康子问政

季康子问政于孔子。孔子对曰：政者，正也。子帅以正，孰敢不正？

鹦鹉学舌 季康子向孔子请教治国之道。孔子回答说：政，就是为政者自身要正。你自身正了，谁敢不正？

画蛇添足 季康子是当时鲁国的权臣，把持朝政，孔子对他一向不满，所以当他向孔子问政时，孔子就用"政者，正也"，有针对性地敲打他，并告诉他：你看你那个样子，你还问政？你要正了，谁敢不正？你先回去正正自己吧！

说到这儿，大家自然会想到"其身正，不令而行……"，别急，孔子在后边会专门论述的。

你自己身正吗？

颜渊·季康子患盗

季康子患盗，问于孔子。孔子对曰：苟子之不欲，虽赏之不窃。

鹦鹉学舌　季康子苦于社会上盗贼太多，向孔子请教应对之策。孔子回答说：如果当权者不贪求财利，强取豪夺，搞得民不聊生，即使奖励盗贼，他们也不会偷盗。

画蛇添足　孔子总是在讲道，讲根本，而不是讲末、讲术。治盗之根本，在于让人都吃上饭。所以比孔子稍早的名相管仲说："仓廪实而知礼节，衣食足而知荣辱。"

颜渊·季康子又问政

季康子问政于孔子曰：如杀无道，以就有道，何如？

孔子对曰：子为政，焉用杀？子欲善，而民善矣。君子之德风，小人之德草。草上之风，必偃。

鹦鹉学舌 季康子向孔子请教：如果把那些无道的坏人杀掉，并亲近那些有道的好人，你看怎么样？

孔子回答说：为政，哪里用得着杀人呢？你行善道，老百姓自行善举。君子之德如风，百姓之德如草。草随风动，草随风倒。

画蛇添足 季康子哪是来问政？是想扳回一局。前边问政，挨了孔子的敲打；后又问盗，又挨了孔子的敲打，这次干脆直接来了个"杀无道，就有道"——人人都知道的、谁也无法驳斥的执政之道，看你怎么说？前两次，孔子是旁敲侧击，这次孔子却是在他脑门上直接敲打。

颜渊·士何如斯

子张问：士何如斯可谓之达矣？子曰：何哉，尔所谓达者？

子张对曰：在邦必闻，在家必闻。子曰：是闻也，非达也。夫达也者，质直而好义，察言而观色，虑以下人。在邦必达，在家必达。夫闻也者，色取仁而行违，居之不疑。在邦必闻，在家必闻。

鹦鹉学舌 子张问：读书人怎么做才能通达？孔子说：你所谓的通达，是什么意思？

子张说：在诸侯国做官有名望，在大夫食邑做官也有名望。孔子说：那是名，不是达。达是什么？达是品正质直并乐道好义，且能察其言观其色，体恤下人。如果能如此，在诸侯国做官必达，在大夫食邑做官也必达。那些追求名气的人，伪仁而实违，并以仁自居，一副自视甚高、不知羞愧的样子。这样的人，也就是在诸侯国做官博取点名声，在大夫食邑做官博取点名声，何以谈达？

画蛇添足 察言观色，语出于此。孔子在这里为什么要"察其言观其色"呢？只有"察其言观其色"，也才好"虑以下人"——体恤下人。

颜渊·樊迟从游

樊迟从游于舞雩（yú，祈雨台）之下，曰：敢问崇德、修慝（tè）、辨惑。

子曰：善哉问！先事后得，非崇德与？攻其恶，无攻人之恶，非修慝与？一朝之忿，忘其身，以及其亲，非惑与？

鹦鹉学舌 樊迟陪孔子游于祈雨台下。樊迟说：请问老师，如何尚德、去除邪念、辨别是非、释疑解惑呢？

孔子说：这个问题问得好啊！努力做事于先，硕果收获于后，这不就是尚德吗？多检讨自己的过错，少指责他人的过错，这不就是消除心中的怨恨吗？因一时之怒，忘其自身安危，导致连累宗亲，这不就是惑吗？

画蛇添足 一怒之下，连累家人，在当下是如此，在那个株连九族的古代，更是如此，所以孔子把其列为"大惑"之一。

颜渊 · 樊迟问仁

樊迟问仁。子曰：爱人。樊迟问知。子曰：知人。樊迟未达。子曰：举直错诸枉，能使枉者直。

樊迟退，见子夏，曰：乡（向：刚才）也吾见于夫子而问知，子曰："举直错诸枉，能使枉者直"，何谓也？

子夏曰：富哉言乎！舜有天下，选于众，举皋陶（gāoyáo），不仁者远矣。汤有天下，选于众，举伊尹，不仁者远矣。

鹦鹉学舌 樊迟问什么是仁。孔子说：爱人。樊迟又问什么是智。孔子又说：知人（了解人）。见樊迟还是不解其意，孔子进一步说：把正直的人举荐上来，把邪恶的人压下去，就能使邪恶的人正直起来。

　　樊迟退出来见到子夏，说：刚才我见到老师问他什么是智，老师说，把正直的人举荐上来，把邪恶的人压下去，就能使邪恶的人正直起来。老师这话是什么意思啊？

　　子夏说：老师这话深奥呀！舜得了天下，在众人中选拔人才，最终把皋陶选拔出来，不仁之人就少了。汤有了天下，在众人中选拔人才，最终把伊尹选拔出来，不仁之人也就少了。

　　画蛇添足　皋陶，尧舜二帝之名臣，中国司法鼻祖，助尧舜二帝推"五刑"，传说生于山西洪洞县皋陶村。伊尹，中国厨师鼻祖，汤时名相。起初伊尹只是个给汤王做饭的厨师，常以"鼎烹说汤"——用烹调做饭、调和五味的理论影响汤王，后被汤王举为右相。

颜渊·子贡问友

子贡问友。子曰：忠告而善道之，不可则止，毋自辱焉。

鹦鹉学舌　子贡请教与朋友相处之道。孔子说：朋友有错，要忠言劝告，善意引导；如果对方不听，就算了，不要自取其辱。

画蛇添足　想不到吧，孔子会这样教导他的弟子。不过再向深层想想，孔子还能怎样教导他的弟子呢？

颜渊 · 以文会友

曾子曰：君子以文会友，以友辅仁。

鹦鹉学舌　曾子说：君子以道德文章来结交朋友，以朋友来辅助培养自己的仁德。

画蛇添足　以文会友，莫过于李白杜甫，一个诗仙，一个诗圣；一个狂放浪漫，一个内敛现实。两人三次结伴相游，指点江山，叹今怀古，诗来诗往，成千古佳话。李白唯一存世书法之作《上阳台帖》，就是与杜甫相游王屋山阳台观时留下的墨宝，当时同游的还有另一位大诗人高适。上阳台帖："山高水长，物象千万，非有老笔，清壮可穷。"如果没有这次以文会友，恐怕就没有李白这幅如诗如画的绝世墨宝；传统文化的词汇宝库里，恐怕也就没有"山高水长，物象千万"这样大气磅礴的词语了。

子路·子路问政

子路问政。子曰：先之，劳之。
请益。子曰：无倦。

鹦鹉学舌 子路请教治国之策。孔子说：先给老百姓做出榜样，然后再使老百姓勤奋劳作。

子路请求孔子能不能再多讲一点。孔子说：不要懈怠。

画蛇添足 子路，性情刚烈，仗义好勇，在孔子的学生中，是非常特殊的一个。敢当面顶撞孔子并时常质问孔子甚至嘲讽孔子的，大概只有子路一人。孔子曾多次骂他，并在气头上咒子路"不得好死"，结果子路真不得好死。卫国政变，子路作为孔悝家臣为救其主子，不顾六十多岁高龄，明知是要送死，还是硬向城里冲，其帽子顶缨被撕断了，他还说："君子死而冠不免。"意思是说死了也要把帽子戴正。

帽子是戴正了，子路也被剁成肉泥烂酱了。宫廷政变时，子路本在城外，完全可以随逃跑的人一起逃跑，但他却不顾人劝，在主子一方大势已去的情况下，还是要去救主。这就是那个姓仲，名由，字子路的人。子路，山东省济宁市泗水县泉林镇下桥村人，享年62岁。子路死后一年，孔子寿终。子路其实很爱他的老师，孔子其实也很喜欢这个学生。

子路·仲弓为季氏宰

仲弓为季氏宰，问政。子曰：先有司，赦小过，举贤才。

仲弓曰：焉知贤才而举之？子曰：举尔所知。尔所不知，人其舍诸。

鹦鹉学舌　仲弓做了季氏的总管，向孔子请教如何当好这个管家。孔子说：首先要以身作则，同时不计较他人小过，并举贤任能。

仲弓问：怎么知道谁是贤能之才并提拔他呢？孔子说：提拔任用你所知道的就好了。那些你所不熟悉的，别人会埋没他们吗？

画蛇添足　仲弓问的接地气，我怎么知道谁是贤才？一听就知道是实干家，不是那些坐在书斋里从早到晚议论举贤任能的人。孔子回答得更接地气，知道谁就用谁好了，不知道的要他人用去吧。

子路·卫君待子

　　子路曰：卫君待子而为政，子将奚先？子曰：必也正名乎。

　　子路曰：有是哉，子之迂也。奚其正？子曰：野哉，由也。君子于其所不知，盖阙如也。名不正则言不顺，言不顺则事不成，事不成则礼乐不兴，礼乐不兴则刑罚不中，刑罚不中则民无所措手足。故君子名之必可言也，言之必可行也。君子于其言，无所苟而已矣。

　　鹦鹉学舌　子路问孔子：假若卫国国君要您来治理卫国，您打算先从何处入手呢？孔子说：必先正其名分。

子路说：有这样做的吗？您太迂腐了吧！这名怎么正呢？孔子说：仲由，真粗野啊！君子对他所不知道的，宁可存疑，也不胡说。名分不正，说起话来就不顺当合理；说话不顺当合理，事情就办不成；事情办不成，礼乐也就不能兴盛；礼乐不能兴盛，刑罚的执行就不得当；刑罚不得当，百姓就不知怎么办好。所以，君子一定要先定下一个名分，这个名分必须能够说得明白，说出来又一定能够行得通。所以君子对于自己的言行，是从不敢马虎的。

画蛇添足　名不正，则言不顺……千古名言，打仗，要师出有名；打人，要出手有名；骂人，要出口有名；批评，要批之有名；为政，要政出有名。

子路·樊迟请学稼

樊迟请学稼。子曰：吾不如老农。

（樊迟）请学为圃。子曰：吾不如老圃。

樊迟出。子曰：小人哉，樊须也。上好礼，则民莫敢不敬；上好义，则民莫敢不服；上好信，则民莫敢不用情。夫如是，则四方之民，襁负其子而至矣。焉用稼？

鹦鹉学舌　樊迟向孔子请教如何种庄稼。孔子说：我不如老农民。

樊迟又向孔子请教如何种蔬菜。孔子说：我不如老菜农。

樊迟出去以后，孔子说：樊须真是个小人啊！领导人好礼，则老百姓无敢不恭敬；领导人好义，则老百姓无敢不服从；领导人好信，则老百姓无敢不倾心尽力。如果领导人能做到这样，四方的老百姓都会背负着儿女前来投奔，哪里还用得着你自己亲自种庄稼呢？

画蛇添足 在前文中，樊迟陪孔子游于祈雨台下。樊迟说：请问老师，如何尚德、去除邪念、辨别是非释疑解惑呢？孔子说：这个问题问得好啊！接下来孔子就很认真地回答了樊迟。而在此，樊迟问种地，就碰了一鼻子灰。对学生们"问仁问义问礼问知问信问德"甚至"问政"，孔子都能好好回答，对"问技"的，孔子就不那么高兴了。樊迟，别名樊须。虽然被孔子骂作小人，但仍然是孔门七十二贤之一，其成就还是很高的。

子路·诵诗三百

子曰：诵诗三百，授之以政，不达；使于四方，不能专对；虽多，亦奚以为？

鹦鹉学舌 诵读了《诗经》三百篇，交付政事，却办不成；出使四方，却应对不了；读书再多，又有何用？

画蛇添足 历来不缺高智低能的人，历来也不缺无师自通、无学自通的人。学以致用是治学之道，但"学而无用"者比比皆是。"学而无用"者，莫过于那个纸上谈兵的赵括，输掉四十万赵军并搭上了自家性命。"无学"却大用的莫过于汉高祖刘邦和明太祖朱元璋。

子路·其身正

子曰：其身正，不令而行；其身不正，虽令不从。

鹦鹉学舌　孔子说：当政者自身正，表率在先，在下者不令而行；当政者自身不正，在下者虽令不从。

画蛇添足　在前文"季康子问政"中孔子曾直言：政者，正也。以身作则，当然语出于此。

子路·善居室

子谓卫公子荆：善居室，始有，曰："苟合矣"。少有，曰："苟完矣"。富有，曰："苟美矣"。

鹦鹉学舌　孔子在谈论卫国公子荆时说：他很善于居家理财。家中刚能吃上饭，他就说："可以了，差不多了"。家中稍有积蓄，他就说："可以了，齐全了"。家中富足了，他就说："可以了，完美了。"

画蛇添足　不贪而知足者，卫公子荆也。为什么叫卫公子荆呢？因为后来鲁国也出了个公子荆，为加以区别，《论语》的作者，就把卫国的这个公子荆，叫作卫公子荆。想必，这个卫公子荆幸福指数应该是很高的。为什么这样说呢？贪得无厌者，永无幸福、永无快乐、永无宁日；只有知足者，才能常乐，或者叫常福。

子路·子适卫

子适卫，冉有仆。子曰：庶矣哉！冉有曰：既庶矣，又何加焉？子曰：富之。（冉有）曰：既富矣，又何加焉？（子）曰：教之。

鹦鹉学舌 孔子到了卫国，冉有随从。孔子说：人真多呀！冉有说：人多了，还要再做什么呢？孔子说：使他们富起来。冉有又说：富起来后，还要再做什么呢？孔子回答说：教育他们知书达礼呀！

画蛇添足 看到街上人多，孔子为什么要赞叹呢？那时的中国，不过一两千万人口，各诸侯国的竞争，很大程度上是人口的竞争。诸侯国间是没明确边界，更没边防的，人口几乎是自由流动的。所以孔子在《论语》中不止一次谈到招徕他国人口。在回答叶公问政时，孔子曾说，为政就是使"近者悦，远者来"；在"樊迟请学稼"中孔子曾说，你把国家搞好了，远方的人就会携儿带女而来；在后边批评子路、冉求时曾说，你们不能好好辅政，导致"远人不服而不能来"。

子路·苟有用我者

子曰：苟有用我者，期月而已可也，三年有成。

鹦鹉学舌 孔子说：如果有人用我治国，一年就治理得差不多了，三年就卓有成效了。

画蛇添足 这是中国历史上最大的一个"如果"，最大的一个"遗憾"。也许是这个最大的"遗憾"，才成就了孔子，才成就了中国文化。

老师没有从政，
却成就了中国文化！

子路·善人为邦

子曰：善人为邦百年，亦可以胜残去杀矣。诚哉是言也！

鹦鹉学舌　孔子说：国家善治百年，就可以克服残暴、消除杀戮，成为礼仪之邦。这话真对呀！

画蛇添足　前文孔子说"如果有人用我治国，一年就治理得差不多了，三年就卓有成效了。"——讲的是有形的效果——富民；而接下来，也就是本文，孔子讲的是无形的"教化礼义"。孔子思想为什么能长期影响中国，并将继续影响中国？孔子的思想，是极富历史纵深感的。

为政者如能多听听老师教诲，就好了！

子路·如有王者

子曰：如有王者，必世而后仁。

鹦鹉学舌　孔子说：如果有实行王道者执政，也要经过三十年甚至一生的治理，国家才会成为礼仪之邦。用今天的话讲，才能实现社会主义精神文明。

画蛇添足　前文说的善人为邦百年，方可胜残去杀，成礼仪之邦，与本文大意相同，都是说，"富之"容易，"教之"难。仅有善人善治，还不够，还需要很长时间。仅有很长时间还不够，还要善人善治。善人善治与很长时间，缺一不可。善人善治与王道王治，可以理解为意同。"王道"一般可与"霸道"对应起来理解。当下的中国，经过四十年改革开放，确实富了，但要达到文明社会，孔子2500多年前预言的"还要一世"或者"还要百年"，可能仍有意义。

子路 · 苟正其身

子曰：苟正其身矣，于从政乎何有？不能正其身，如正人何？

鹦鹉学舌　孔子说：如果能自正其身，从政何难之有？如果不能自正其身，如何正人？

画蛇添足　又来了，孔子就是抓住"以身作则"不放了，絮絮叨叨，讲个没完。其徒子徒孙，又絮絮叨叨地讲了两千多年，至今还在讲……为什么孔子之言，会一直讲下去呢？因为孔子讲的是为政之道，是生一生二生三的那个道；因为孔子讲的是为政之根本，是生枝生叶的那个根和本……

子路·一言兴邦

（鲁）定公问：一言而可以兴邦，有诸？孔子对曰：言不可以若是其几也。人之言曰："为君难，为臣不易。"如知为君之难也，不几乎一言而兴邦乎？

定公曰：一言而丧邦，有诸？孔子对曰：言不可以若是其几也。人之言曰："予无乐乎为君，唯其言而莫予违也。"如其善而莫之违也，不亦善乎？如不善而莫之违也，不几乎一言而丧邦乎？

鹦鹉学舌 鲁定公问：一言可以兴邦，有这样的话吗？孔子回答说：虽不可说有，但也差不多吧。有人说："做国君难，做大臣同样不易。"如果知道为君之难，从而勤政善治，在此基础上说出来的话，不几乎可以说是一言而兴邦吗？

鲁定公又问：一言可以亡国，有这样的话吗？孔子回答说：虽不可说有，但也差不多吧。有人说："我做君主没什么快乐的，唯一欣慰的是我的话没人敢违。"如果是善言没人敢违，不是也很好吗？如果不是善言，也没人敢违，不几乎可以说是一言而亡国吗？

画蛇添足　鲁定公作为一个傀儡国君（被季孙氏、孟孙氏和叔孙氏三家控制），在位十五年，够窝囊的。但孔子一生短暂为官，还曾当过几个月的类似今天司法部部长的官，都是鲁定公提拔的。

子路·近者说

叶公问政。子曰：近者说（悦），远者来。

鹦鹉学舌　楚国的叶公向孔子请教治国之策。孔子说：使本邦的人高兴，使他邦的人愿来。

画蛇添足　叶公问政，孔子给出六个字"近者说，远者来"。但要做到"近者说，远者来"，即便是善政王道，没个几十年时间，也是难以企及的。看看当下的世界，人们合法或者不合法地都向哪个国家跑？人们漂洋过海、冒着生命危险都向哪几个国家跑？早些年有点能力、有点头脑的中国人都向哪里跑？现在一些跑出去的中国人为什么又陆续归来？广州为什么有那么多非洲人？发达城市为什么有那么多外来者？2500多年前的孔子，用"近者说，远者来"六个字就说得很清楚了。

子路·欲速不达

子夏为莒父宰，问政。子曰：无欲速，无见小利。欲速则不达，见小利则大事不成。

鹦鹉学舌　子夏做了莒地的长官，向孔子请教如何处理政务。孔子说：为政做事不要贪求速度，不要贪求小利。越贪求速度越难达目的，越贪求小利或眼前利益越难成大事。

画蛇添足　欲速不达，几乎无人不知，然而又几乎无人不在此栽跟头。上至天子，下至百姓；上至国家领导，下至普通民众，不在此栽跟头者，皆可谓智者。求速，人性使然。能耐住性子的，便可成大器，当大任，成大事。

子路·吾党有直躬者

叶公语孔子曰：吾党有直躬者，其父攘羊，而子证之。

孔子曰：吾党之直者异于是。父为子隐，子为父隐，直在其中矣。

鹦鹉学舌 叶公对孔子说：我们那里有个做事很正直的人，他的父亲偷了别人家的羊，他就向官府揭发了他父亲。

孔子说：我们那地儿的正直之人和你说的相反。父亲为儿子隐瞒，儿子为父亲隐瞒，然而正直就在此中了。

画蛇添足 大义灭亲，说的是大义，而不是小义；父为子隐，子为父隐，说的是大伦，而不是小伦。偷鸡摸狗的，你揭发了他，算不得大义，好好地劝导劝导，也不失为上策。如果你告发了他，不管是子告父，还是父告子，父子这一生还怎么相处呀！父子之伦、母子之伦，毕竟是天定的无法割断的人伦关系第一伦啊！父子相隐，作为儒家的一种思想，后来发展为我国封建社会的一项基本法律原则，在古代司法实践中曾发挥了重要职能。

子路·居处恭

樊迟问仁。子曰：居处恭，执事敬，与人忠。虽之夷狄，不可弃也。

鹦鹉学舌　樊迟问什么是仁。孔子说：在家生活要规规矩矩，在外做事要忠忠诚诚。即便是到了边远蛮荒之地，也不要背离了这些原则和信念。

画蛇添足　儒家的主张就是一个人独处的时候也要守礼，这叫"慎独"。能完全做到这个境界的，几乎是没有的，非要说有，那就是孔子的第一弟子颜回了。至于到了边远蛮荒之地，不背弃大的原则，这样的人就多了。苏东坡多次被流放，不但初衷未改，其中多少名篇，都是在流放中写就的。现在的一些革命家，多次被贬被罢，也是初心不改，最典型的莫过于邓小平。

子路·何如斯

子贡问曰：何如斯可谓之士矣？子曰：行己有耻，使于四方，不辱君命，可谓士矣。

（子贡）曰：敢问其次？（子）曰：宗族称孝焉，乡党称弟（悌）焉。

（子贡）曰：敢问其次？（子）曰：言必信，行必果，硁硁（kēng）然小人哉！抑亦可以为次矣。

（子贡）曰：今之从政者何如？子曰：噫！斗筲（shāo）之人，何足算也？

鹦鹉学舌 子贡问：如何做才能称其为士呢？孔子回答说：做事要知羞知耻；出使国外，要不辱使命，这样的人就可称其为士了。

老人家，我是士！

你如此知书达礼，有才有品，是啥身份啊？

子贡又问：次一等的士是什么样的呢？孔子回答说：家族中人称其孝顺父母，邻里乡亲称其友爱兄弟。

子贡追问：那再次一点的呢？孔子回答说：说话守信，行动果断，讲起话来虽然硬邦邦的像没修养的人，但也可以说是次一等的了。

子贡最后问：您看，现在当官的那些人如何？孔子说：噫，这些气度狭小的人，怎么能算数呢？

画蛇添足 中国古代说的"士"，就是"士农工商"之"士"，排于各阶层之首，是专门的一个阶层，大体相当于现在的知识分子。

子路·和而不同

子曰：君子和而不同，小人同而不和。

鹦鹉学舌　孔子说：君子能与人和谐相处但有着自己独立的思想，小人人云亦云但很难与人和谐相处。

画蛇添足　孔子在《论语·为政》中讲道：君子周而不比，小人比而不周。意思是说：君子团结而不勾结，小人勾结而不团结。如果把孔子这两篇合起来，似乎更顺溜：君子和而不同，小人同而不和。君子周而不比，小人比而不周。按这标准（孔标），看看身边，谁是君子，谁是小人，一清二楚。

子路·乡人皆好之

子贡问曰：乡人皆好之，何如？子曰：未可也。

子贡曰：乡人皆恶之，何如？子曰：未可也。不如乡人之善者好之，其不善者恶之。

鹦鹉学舌　子贡问：村里人都喜欢他，这个人怎么样？孔子说：还不能说他好。

子贡又问：村里人都讨厌他，这个人怎么样？孔子说：还不能说他不好。那究竟怎样的人才算好人呢？村里爱好正义之人赞赏他，村里邪恶之人厌恶他，这样的人就可以说他是好人了。

画蛇添足　相反，村里的正直之人讨厌他，村里的邪恶之人喜欢他，这样的人就可以说他是坏人了。其实这里用的看人量人的标准，还是"孔标"。

子路·君子易事

子曰：君子易事而难说（悦）也。说之不以道，不说也；及其使人也，器之。小人难事而易说也。说之虽不以道，说也；及其使人也，求备焉。

鹦鹉学舌 孔子说：在君子手下做事很容易，取悦他却很难。不择手段地取悦他，他不会高兴的；不过，君子用人之时，却会量材使用。在小人手下做事很困难，取悦他却很容易。取悦他虽存心不良，却仍然能使他很高兴；不过，小人用人之时，却总是吹毛求疵求全责备。

画蛇添足 谁是君子式的领导，谁是小人式的领导，用"孔标"一套，小葱拌豆腐，一清二楚，一丝不错，一毫不差。

子路·泰而不骄

子曰：君子泰而不骄，小人骄而不泰。

鹦鹉学舌　孔子说：君子泰然处之而不骄横跋扈，小人骄横跋扈而不会泰然处之。

画蛇添足　其实这里用的标准，还是"孔标"——"孔标"可不可以视为"国标"呢？还是"智者见智，仁者见仁"，用不着强行统一，人人心中都有一杆秤。

子路·刚毅木讷

子曰：刚毅木讷，近仁。

鹦鹉学舌　孔子说：刚强、坚韧、朴实、谨言，具备了这四种品德，就接近于仁了。

画蛇添足　寥寥四字：刚毅木讷，又是一个"仁"的"孔标"。在《论语·里仁》中孔子曾讲到"讷于言"，在整个《论语》中孔子至少有十几处要人谨言慎言，可见"讷"对人生的重要性。祸从口出，言多必失，皆为"讷"的反面。

子路·切切偲偲

子路问曰：何如斯可谓之士矣？子曰：切切偲偲，怡怡如也，可谓士矣。朋友切切偲偲，兄弟怡怡。

鹦鹉学舌　子路问：怎么做才能算是士呢？孔子说：能与人互相帮助，愉快相处，就可以称之为士了。再强调一遍就是，朋友之间要互相帮助，兄弟之间要和睦相处。

画蛇添足　同一个问题，孔子刚回答了子贡，子路就又来问了。孔子告诉子贡：做事要知羞知耻，出使要不辱使命，这就是士了。而孔子为什么要如此回答子路呢？因为子路太粗野太莽撞了，所以要告诫再告诫子路，要与人友好相处。

宪问·宪问耻

宪问耻。子曰：邦有道，谷；邦无道，谷，耻也。宪问：克、伐、怨、欲不行焉，可以为仁矣？子曰：可以为难矣，仁则吾不知也。

鹦鹉学舌 原宪请教何为耻辱。孔子说：国家政治清明，出仕做官拿俸禄；国家政治腐败，还出仕做官拿俸禄，这就是耻辱。

原宪又问：好胜、自夸、抱怨、贪婪，这四种毛病都没有的人，可以说是仁者吧？孔子说：能做到这种境界的人，可以说是难能可贵了，但是否算作仁，我就不知道了。

画蛇添足 原宪，字子思，孔门七十二贤之一，商丘人。破衣烂衫，茅草破屋，照样弹琴唱歌，这就是原宪。原宪安贫乐道，洁身自好，几乎到了过分的程度。孔子曾请原宪为其管家，孔子给其九百斛粟米作俸禄，他竟然嫌多了。原宪落魄之时，子贡高头大马地去看他，却被原宪弄了个尴尬。"邦有道，谷；邦无道，谷，耻也。"原宪遵从师教，在孔子死后，几乎到了教条的地步。

宪问·士而怀居

子曰：士而怀居，不足以为士矣。

鹦鹉学舌　孔子说：作为士人，如果贪图居家的安逸生活，就称不上是士了。

画蛇添足　《论语·泰伯》——曾子所言，从另一面解释了孔子之意。曾子说："士不可不弘毅，任重而道远。仁以为己任，不亦重乎。死而后已，不亦远乎。"意思是说：士人不可以不弘大刚毅，因为他背负的任务重大而路途遥远。把实现仁德作为自己的任务，难道不是很重大吗？到死方才停止下来，难道不是很遥远吗？以孔子、曾子及后来的孟子为代表的"士中之士"，他们的任有多重，道有多远呢？真的是死而后已吗？中国传统士人阶层具有的使命感，延续何止千年！

宪问·邦有道

子曰：邦有道，危（正直之意）言危行；邦无道，危行言孙（逊）。

鹦鹉学舌　孔子说：国家政治清明的时候，说话正直、行为正直都没问题；国家政治黑暗的时候，行为仍然可正直，但说话要谨慎小心了。

画蛇添足　老舍三幕剧《茶馆》中有"莫谈国事"，解释的其实就是"邦无道，危行言孙（逊）"，特别是"言逊"。"言逊"就是说话要小心谨慎。

宪问·有德者必有言

子曰：有德者必有言，有言者不必有德。仁者必有勇，勇者不必有仁。

鹦鹉学舌　孔子说：有德之人说出的话一定是善言良语，说善言良语的人未必有德。仁人志士必然勇敢，勇敢的人未必是仁人志士。

画蛇添足　所以孔子在下篇，也就是在《论语·卫灵公》中又说："君子不以言举人，不以人废言。"意思是：君子不会因为你说得好就提拔你，也不会因为你位卑品低就否定你话的价值。就事论事，好人说出的一定是好话，说好话的不一定是好人。看看我们身边，说人话不做人事的人太多了。至于仁和勇，"英勇就义"完全可理解为"英勇就仁"，而那些生死不怕铤而走险的亡命之徒，何仁之有？

宪问·羿善射

南宫适问于孔子曰：羿善射，奡（ào）荡舟，俱不得其死然。禹、稷躬稼而有天下。夫子不答。南宫适出，子曰：君子哉若人！尚德哉若人！

鹦鹉学舌　南宫适问孔子说：后羿善于射箭，奡善于水战，两人都不得好死。大禹、后稷亲身耕种庄稼却得到了天下。听了南宫适的话，孔子并没有回答。南宫适出去以后，孔子对身边的学生说：君子就是这样的人呀！崇尚道德者就是这样的人呀！

画蛇添足　南宫适，字子容，孔子的学生，同时还是孔子的侄女女婿。一次孔子听到南宫适在反复背诵诗经中的"白圭之玷"，其大意是：玉有缺点还可以磨去，话说错了，就没办法了。因此，南宫适给

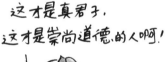

这才是真君子，这才是崇尚道德的人啊！

孔子留下了很好的印象。关于南宫适这个人，孔子在《论语·公冶长》中评价道："邦有道，不废；邦无道，免于刑戮。"于是，孔子"以其兄之子妻之"。意思是说，南宫适这个人，国家政治清明，他不会被罢免；国家政治黑暗，他不会被杀。于是，孔子决定把侄女嫁给他。这时孔子的哥哥已死，只能由孔子作主。其实，孔子决定把侄女嫁给他，是反复考察过的。

羿为尧臣，善射，后被弟子所杀。关于后羿的传说很多，最著名的莫过于后羿射日。奡，传说中的水上战将，后被仇人（夏少康）所杀。禹，即尧舜禹之禹，其最著名的事迹莫过于大禹治水。后稷，周朝始祖。

宪问·君子而不仁者

子曰：君子而不仁者有矣夫，未有小人而仁者也！

鹦鹉学舌　孔子说：君子中确有不仁德之人，而小人中绝不会有仁德者！

画蛇添足　这样来理解孔子的意思是不是更顺畅一点：君子偶尔做点不道德的事，这样的情况是有的；而小人是不会做仁义之事的。

宪问·能勿劳乎

子曰：爱之，能勿劳乎？忠焉，能勿诲乎？

鹦鹉学舌　孔子说：爱一个人，能不为其操劳吗？真心地爱一个人，能不教诲他吗？

画蛇添足　这样译起来，看起来像父母对待孩子。如果换一种译法，看起来就像下级对待上级——孔子说：如果爱他，能不为他效劳吗？如果忠于他，能不劝告他吗？

宪问·贫而无怨

子曰：贫而无怨难，富而无骄易。

鹦鹉学舌 孔子说：贫困而没有怨言很难做到，富贵但不骄横做起来就相对容易。

画蛇添足 贫困，是一种生死挣扎，看见人家一个一个都比自己富有，不怨天尤人，太难了；富而无骄，是一种修养，是一种居高之下的修养。有一点修养的富贵之人，看起来更平易近人。所以谚语说：越成熟的谷穗头越低。

宪问·子问公叔文子

子问公叔文子于公明贾，曰：信乎，夫子不言，不笑，不取乎？

公明贾对曰：以告者过也。夫子时然后言，人不厌其言；乐然后笑，人不厌其笑；义然后取，人不厌其取。

子曰：其然，岂其然乎？

鹦鹉学舌　孔子向公明贾打听公叔文子，孔子说：公孙文子真的是这样一个人吗，不说、不笑、不索取？

公明贾回答说：和你说这话的人说得有点过了。公孙文子这个人该说的时候就说，所以别人不讨厌他说；高兴了才笑，所以别人不讨厌他笑；合乎道义的财物他才取，所以别人不讨厌他取。

孔子说：原来是这样——真是这样吗？

画蛇添足　简而言之，该说的说，该笑的笑，该取的取；反之，不该说的不说，不该笑的不笑，不该取的不取。公叔文子何许人也？后边再介绍。

宪问·谲而不正

子曰：晋文公谲（jué）而不正，齐桓公正而不谲。

鹦鹉学舌　孔子说：晋文公狡诈而不正直，齐桓公正直而不狡诈。

画蛇添足　晋文公，就是那个著名的重耳；齐桓公，就是那个更著名的公子小白。这两个人命运差不多，都是先流亡国外，后回国夺取大权，并成就春秋霸业。这两个人大体是同时代人，齐桓公先称霸，晋文公后称霸，所以孔子拿他二人来评价。齐桓公与晋文公，史称"齐桓晋文"……

宪问·桓公杀公子纠

子路曰：桓公杀公子纠，召（shào）忽死之，管仲不死。曰：未仁乎？

子曰：桓公九合诸侯，不以兵车，管仲之力也。如其仁！如其仁！

鹦鹉学舌　子路说：齐桓公杀了公子纠。召忽自杀而死，管仲却不死。这样说来，管仲是没仁德吧？

孔子说：齐桓公多次号令诸侯会盟，靠的不是武力讨伐，而是管仲的力量和智慧。这就是他的仁德，这就是他的仁德啊！

画蛇添足 齐襄公执政时，朝政混乱无道，他的两个弟弟公子小白和公子纠在各自辅臣的帮助下逃到了国外。鲍叔牙协助公子小白逃到了莒国，管仲和召忽协助公子纠逃到了鲁国。后公孙无知杀了齐襄公自立为君，再后公孙无知也被部下所杀，这样齐国一时君位空缺。公子纠和公子小白各自接到密报后，便都火速回国抢班夺权。

公子纠因晚了一步，被哥哥公子小白所杀。召忽和管仲都是公子纠的辅臣，公子纠死了，召忽也自杀了。管仲不但没自杀，还反过来辅佐了公子纠的对手——公子小白，也就是后来的齐桓公。子路说的就是这事。而孔子说得是管仲辅佐齐桓公成就霸业的事。这个齐桓公的先祖，就是齐国开国之君姜子牙，所以齐桓公，姓姜，叫姜小白；做国君之前，人称公子小白。

宪问·桓公杀公子纠

子贡曰：管仲非仁者与？桓公杀公子纠，不能死，又相之。

子曰：管仲相桓公，霸诸侯，一匡天下，民到于今受其赐。微（意为无）管仲，吾其被（披）发左衽矣。岂若匹夫匹妇之为谅（诚实）也，自经于沟渎而莫之知也。

鹦鹉学舌 子贡说：管仲不是仁德的人吧？桓公杀公子纠，管仲不为主人而死，反而又做了齐桓公的宰相。

孔子说：管仲辅佐齐桓公，称霸诸侯，匡扶天下，老百姓至今还受其恩惠。如果没有管仲，我们现在恐怕还要披头散发、穿左开襟的衣服，像夷狄一样生活。管仲这样伟大的人物，他怎么会像普通男女一样拘守于小信小节，自杀于荒野沟边而没人知道呢？

画蛇添足 子路对管仲耿耿于怀，子贡对管仲同样耿耿于怀。当初，在公子纠与公子小白火速回国抢班夺权的时候，还是管仲带领一队人马，埋伏于公子小白的必经之路上。管仲亲自搭箭射向公子小白。箭中公子小白衣带钩，小白倒地装死，管仲信以为真。于是，管仲回到大队人马当中，报告公子小白已死，公子纠一行才放慢了行军速度，而公子小白却是快马加鞭，先一步回到都城，占了君位，而杀了弟弟公子纠。搞笑的是，公子小白听从了辅臣鲍叔牙的建议，不计带钩之仇，拜管仲为相，而管仲也就接受了。就这样，公子小白借助管仲成就了"九合诸侯，一匡天下"的霸业，成了史上极负盛名、无出其右的齐桓公；而管仲借助齐桓公，成了"华夏第一相""华夏文明的保护者"。

宪问·同升诸公

公叔文子之臣大夫僎，与文子同升诸公。子闻之，曰：可以为"文"矣！

鹦鹉学舌　公叔文子的家臣僎与公叔文子一同提升为卫国的大夫。孔子听后说：公叔文子死后可以谥为"文"号了！

画蛇添足　公叔文子举荐自己的家臣与自己同朝做官，深得孔子赞许，孔子预言，其死后可以谥号为"文"。公叔文子，春秋时卫国大夫，姓姬，氏公叔，名发，别名公叔拔，死后谥号全称公叔"贞惠文"，简称公叔文子。

宪问·子言卫灵公

子言卫灵公之无道也。康子曰：夫如是，奚而不丧？

孔子曰：仲叔圉（yǔ）治宾客，祝鮀（tuó）治宗庙，王孙贾治军旅。夫如是，奚其丧？

鹦鹉学舌　孔子说卫灵公昏庸无道。季康子说：既然其昏庸无道，卫国为什么还没亡国呢？

孔子说：因为他还有仲叔圉掌管外交，祝鮀掌管祭祀，王孙贾掌管军队。有这样三位贤明之臣料理国事，他的国家怎么会亡呢？

画蛇添足　卫灵公在位长达四十二年，孔子周游列国第一站是卫国，最后一站还是卫国，期间也多次来卫国，好像在其他地儿混得不如意了，孔子就回卫国；在卫不如意了，孔子就去他国；卫国好像成了孔子的家。孔子一行在卫国，也多是靠卫国和卫灵公供奉，但孔子多次骂卫灵公。卫灵公虽然猜忌、多疑、性情暴躁，但还是很会用人的，否则哪来的这三位国之贤臣？显然，孔子对卫灵公的评价，有失偏颇。即便是鲁国权臣季康子，听了也不服气，所以季康子才说：既然其昏庸无道，卫国为什么还没亡国呢？孔子的回答有其道理，但孔子忘了，没有卫灵公的用人之道，哪来这三位贤臣的用武之地？

宪问·其言之不怍

子曰：其言之不怍，则为之也难。

鹦鹉学舌　孔子说：如果一个人大言不惭、夸夸其谈，那他的话兑现起来就很难了。

画蛇添足　孔子一向主张"讷于言而敏于行"，还讲过"听其言观其行"，《论语》中孔子多次讲过言与行的关系。用孔子关于言行的标准去看人，一般是不会错的。

宪问·古之学者

子曰：古之学者为己，今之学者为人。

鹦鹉学舌　孔子说：古人学习是为了提高自己的道德修养，现在的人学习是为了向别人显摆并管理他人。

画蛇添足　孔子那时就把做学问的人称为"学者"，现在仍然把做学问的人称为"学者"。两个"学者"不管有多少不同，但总是一脉相承。

宪问·不在其位

子曰：不在其位，不谋其政。

曾子曰：君子思不出其位。

鹦鹉学舌　孔子说：不在那个位置，就不考虑那个位置上的事情。

曾子说：君子考虑问题不超出自己的职责范围。

画蛇添足　在《论语》中孔子这是第二次讲到"不在其位，不谋其政"了。不过，在此，他的学生曾子，把老师的话又解释了一遍。后来的孟子也有类似之言："位卑而言高，罪也"。当然，以现在的观点来看，孔子之言，是有问题的，曾子之言也有问题，孟子之言问题就大了。作为现代公民，参政议政是很正常的，甚至骂总统也是很正常的，何罪之有？

宪问·君子耻其言

子曰：君子耻其言而过其行。

鹦鹉学舌　孔子说：君子以说得多做得少为耻。

画蛇添足　孔子在絮絮叨叨、没完没了地告诫他的学生：少说多做、少说多做、少说多做……

宪问·君子道者三

子曰：君子道者三，我无能焉：仁者不忧，知者不惑，勇者不惧。

子贡曰：夫子自道也。

鹦鹉学舌　孔子说：君子之道有三，我没能做到：有仁德的人不忧愁，聪明的人不迷惑，勇敢的人不畏惧。

子贡说：这是老师讲他自己啊！

画蛇添足　孔子在《论语·子罕》中说"知者不惑，仁者不忧，勇者不惧。"与此，语序有所不同，意思完全一样。不过，在《论语·子罕》中，孔子是教导学生；在此，孔子是自省。对孔子的自省，子贡的话解释的就很清楚了："夫子自道也。"

宪问·不患人之不己知

子曰：不患人之不己知，患其不能也。

鹦鹉学舌　孔子说：不怕别人不知道自己，就怕自己能力不足。

画蛇添足　孔子在《论语·学而》最后一篇中讲道：不患人之不己知，患不知人也。如果把这两篇合并一下同类项，就成了"不患人之不己知，患其不能也，患其不知人也。"用大白话说就是：不怕别人不知道自己，就怕自己能力不足，就怕自己不了解别人。

宪问·骥不称其力

子曰：骥不称其力，称其德也。

鹦鹉学舌　孔子说：千里马为人称道的不是它的气力，而是它的品德。

画蛇添足　千里马当然是指能人能臣能君。孔子重德几乎到了偏执的程度，但是不是孔子就不重能了呢？否！孔子同样是重能的，只是他反复强调的是：德为先。在《论语·子路》中孔子说，士，就是要"行己有耻，使于四方，不辱君命。""行己有耻"讲的是德，"使于四方，不辱君命"讲得就是能。孔子挑选干部，同样讲德才兼备。

宪问·以德报怨

或曰：以德报怨，何如？

子曰：何以报德？以直报怨，以德报德。

鹦鹉学舌　有人说：以恩德来报答怨恨，如何？

孔子说：那该如何来报恩报德呢？正确的做法应该是：以公平合理的态度来报答怨恨，以恩德来报答恩德。

画蛇添足　说这话的人本认为肯定能得到孔子的嘉许，没想到孔子却不买账。与孔子同时代的老子，也有类似的观点："报怨以德，安可以为善？"意思是：以德报怨，这怎么能说是妥善的办法呢？老子和孔子，圣人所见略同。

宪问·莫我知也夫

子曰：莫我知也夫！

子贡曰：何为其莫知子也？

子曰：不怨天，不尤人，下学而上达，知我者其天乎！

鹦鹉学舌　孔子说：没人理解我啊！

子贡说：怎么能说没人理解您呢？

孔子说：我不怨天，不尤人，下学人间事，上达天命，理解我的只有上天啊！

画蛇添足　孔子在前面曾多次说"不患人之不己知"——不怕人家不了解自己，在这里却慨叹"没人理解我啊"！孔子一边在强调自己"不怨天，不尤人"，实际上却是在怨天尤人。

当然，作为孔子所自觉的那种古往今来的天地使命感，一般人是很难理解的，所以孔子最后慨叹"理解我的只有上天啊！"行文至此，我竟自然而然地背诵出了北宋大儒张横渠的名言："为天地立心，为生民立命，为往圣继绝学，为万世开太平"。如此孔子，我们只能尝试着去理解。真正理解他的，也许真的只有天吧！

宪问·贤者辟世

子曰：贤者辟世，其次辟地，其次辟色，其次辟言。
子曰：作者七人矣。

鹦鹉学舌　孔子说：贤明之人躲避乱世，躲避不了乱世就躲避乱地，躲避不了乱地就躲避乱人（色），躲避不了乱人就躲避乱言。

孔子又说：能做到这"四避"的大概只有七个人。

画蛇添足　究竟哪七个人呢？即伯夷、叔齐、虞仲、夷逸、朱张、柳下惠、鲁少连。伯夷、叔齐的名气最大，他们就是商朝亡，躲于河南首阳山饿死不食周粟的那哥俩。

宪问·子路宿于石门

子路宿于石门，晨门曰：奚自？

子路曰：自孔氏。

曰：是知其不可而为之者与？

鹦鹉学舌　子路在石门过夜，清晨起来守城门的人问：你是从哪儿来的？

子路说：我是从孔子那里来的。

守门人说：就是那个明知行不通却还要去行的孔子吗？

画蛇添足　在那个口口相传的时代，当时孔子就有了这样的名气，看来孔子的影响实在是太大了。还有，这个守门人，不像个一般人，似乎是个"中隐隐于市"的隐者。

宪问 · 上好礼

子曰：上好礼，则民易使也。

鹦鹉学舌 孔子说：领导人遵礼守法，老百姓就容易指使。

画蛇添足 《礼记》有言："上有所好，下必甚焉。"上好礼，民自然好礼；民好礼，自然易使。

宪问·修己以敬

子路问君子。子曰：修己以敬。子路曰：如斯而已乎？子曰：修己以安人。子路曰：如斯而已乎？子曰：修己以安百姓。修己以安百姓，尧舜其犹病诸？

鹦鹉学舌　子路问怎样才算君子。孔子说：修身敬人。子路说：如此而已？孔子说：修身以安民。子路说：如此而已？孔子说：修身以安百姓。修身以安百姓，就连尧舜也很难做到啊！

画蛇添足　《大学》有言：修身、齐家、治国、平天下。如果《大学》真是曾子所作，其"修齐治平"，应该源自其师孔子的"修己以敬，修己以安人"……

卫灵公·卫灵公问陈

卫灵公问陈(阵)于孔子。

孔子对曰: 俎豆之事, 则尝闻之矣。军旅之事, 未之学也。

明日遂行。

鹦鹉学舌 卫灵公向孔子请教如何排兵布阵。孔子回答说: 礼仪之事, 我听说过一些。军旅之事, 我没学过。

第二天孔子就率弟子离开了卫国。

画蛇添足 孔子真的不懂军事吗? 非也。孔子在当时, 几乎就是一部百科全书, 无所不通。孔子是"志于道, 据于德, 依于仁"——孔子所讨厌的就是打打杀杀, 所以孔子不屑于回答卫灵公"问阵"。

卫灵公·在陈绝粮

在陈绝粮，从者病，莫能兴。子路愠见曰：君子亦有穷乎？

子曰：君子固穷，小人穷斯滥矣。

鹦鹉学舌　孔子在陈国的时候断绝了粮食，跟随的人也都病了，没谁打得起精神。子路见到孔子气呼呼地说：君子也有穷困潦倒的时候吗？

孔子说：君子在穷困潦倒的时候仍然会坚持自己的道德，而小人穷困潦倒的时候，就会胡作非为。

画蛇添足　孔子应楚昭王之邀前往楚国。楚国作为一个大国，常掳掠陈国边民，并有吞并陈国之心。所以这次孔子要去帮助楚国，就引起了陈国及百姓的不满和恐惧。当孔子及弟子到达宛丘（今淮阳县）之地时，就被当地的老百姓围困起来，不给吃也不给喝。关于孔子及弟子"在陈绝粮"的故事和传说很多。

卫灵公·女以予为

子曰：赐（子贡）也，女（rǔ）以予为多学而识（zhì）之者与？

（子贡）对曰：然。非与？

（子）曰：非也。予一以贯之。

鹦鹉学舌 孔子说：子贡呀，你以为我是博学强记的人吗？

子贡说：对呀。难道不是吗？

孔子说：不是的。不管学什么不管做什么，我的思想是始终如一的。

画蛇添足 在《论语·里仁》中孔子曾主动对他的学生曾参说"吾道一以贯之"。这个"道"是什么？就是思想。所以孔子在这里，又再次主动引出这个话题，来阐明自己一以贯之的是思想，是道。

卫灵公·子张问行

子张问行。子曰：言忠信，行笃敬，虽蛮貊（mò）之邦，行矣。言不忠信，行不笃敬，虽州里，行乎哉？立，则见其参于前也；在舆，则见其倚于衡（横）也。夫然后行。

子张书诸绅。

鹦鹉学舌 子张向孔子请教如何实行自己的主张。孔子说：说话忠诚守信，行动坚定不移，即使到了蒙昧落后之地，你的主张也能实行。说话不忠诚守信，行动不坚定不移，就是在本地，你的主张又如何实行呢？站着，就像看见"忠信笃敬"这几个字立于眼前；坐车，就像看见"忠信笃敬"这几个字倚于车横木之上。这样，你的主张就可以实行了。

子张立马把老师的教导写在自己的衣带上。

画蛇添足 子张为什么把老师的教导写于衣带之上呢？低头就见，时时看，天天看。子张真是可爱。

卫灵公·直哉史鱼

子曰：直哉史鱼。邦有道，如矢，邦无道，如矢。君子哉蘧（qú）伯玉。邦有道，则仕，邦无道，则可卷而怀之。

鹦鹉学舌 孔子说：史鱼真正直啊！国家政治清明，他的言行像箭一样正直；国家政治昏暗，他的言行也仍然像箭一样正直。蘧伯玉真君子啊！国家政治清明，他则出来做官；国家政治昏暗，他则辞官而去。

画蛇添足 史鱼是卫灵公时期的官员。史鱼多次劝谏卫灵公重用蘧伯玉而疏远弥子瑕，卫灵公就是不从。史鱼病危之时，告诉儿子，我活着没有尽到臣职，我死后就把我放在窗下吧……史鱼死后，卫灵公来吊唁，见史鱼陈尸于窗下，就问其缘故，史鱼儿子如实相告。卫灵公很是汗颜，于是立马重用了蘧伯玉，并疏远了弥子瑕。蘧伯玉年长孔子三十几岁，在孔子童年的时候，蘧伯玉之贤已蜚声国内外。孔子多次到卫国，先后在卫国住了八九年。孔子居卫，多是居于蘧伯玉府第；孔子周游列国，蘧伯玉也没少资助。

卫灵公·可与言

子曰：可与言而不与之言，失人；不可与言而与之言，失言。知者不失人，亦不失言。

鹦鹉学舌 孔子说：可以与其谈的道理而没与其谈，就失去了朋友；不可与其谈的道理而与其谈了，就说错了话。智者不失人，也不失言。

画蛇添足 哪些人该说，哪些人不该说；哪些话该说，哪些话不该说，因人而异，因言而异。说错话说错对象，失去一个朋友事还算小，失去自身性命事大。说话真的是一门艺术。说话这门艺术说浅也浅，说深也真的太深了。祸从口出，因言获罪，因言罪人，不可不慎言，不可不艺术。苏州有个狮子林，狮子林有一个真趣亭，"真趣"二字为乾隆皇帝所赐。当年乾隆游狮子林，一高兴就写下了"真有趣"三个字。客观地说，"真有趣"这三个字，就其内容来讲，太没趣了。有一个随行的状元，对乾隆皇帝说，皇上您一字万金，可是我太穷了，然而我又看上了您的字，您把中间那个"有"字赏给我吧！乾隆一点就透，高兴应允。"真有趣"就变成了今天的"真趣"亭。

卫灵公 · 志士仁人

子曰：志士仁人，无求生以害仁，有杀身以成仁。

鹦鹉学舌　孔子说：志士仁人，不会为了求生而失去信仰；志士仁人，却往往杀身以成仁——以死践行自己的信仰。

画蛇添足　中华民族的历史上，杀身成仁者，灿若星辰。士可杀而不可辱者，前仆后继。就是这些志士仁人，挺起了民族的脊梁；就是这些杀身成仁者，铸就了民族的血脉。砍头不要紧，只要主义真，杀了夏明翰，还有后来人。壮哉，志士仁人！

头断血流，信仰不丢！

卫灵公 · 工欲善其事

子贡问为仁。子曰：工欲善其事，必先利其器。居是邦也，事其大夫之贤者，友其士之仁者。

鹦鹉学舌 子贡问如何实践为仁之道。孔子说：工匠想要把事做好，必先使他的工具锋利。在哪个国家居住，就要和官员中的贤者处好关系，并结交那些士中仁人。

画蛇添足 工欲善其事，必先利其器，用一句更通俗的话说就是——磨刀不误砍柴工。孔子把与贤明官员处好关系，并结交士中仁人，视为做事为仁之利器，世故中透着练达，练达中有着原则。原则就是不是什么官都处好关系，处好关系的只是贤官；不是什么士都结交，只是结交"士之仁者"。

卫灵公·人无远虑

子曰：人无远虑，必有近忧。

鹦鹉学舌　孔子说：凡事不从长远打算，忧虑就在眼前了。

画蛇添足　《荀子·大略》云："先事虑事，先患虑患。先事虑事谓之接，接则事犹成。先患虑患谓之豫，豫则祸不生。事至而后虑者谓之困，困则祸不可御。"用不着翻译，也都能看个大概，其意和"人无远虑，必有近忧"，有些关联。

卫灵公·未见好德如好色

子曰: 已矣乎! 吾未见好德如好色者也。

鹦鹉学舌 孔子说: 完了啊! 我未见好德如好美色那样的人。

画蛇添足 孔子在《论语·子罕》中说过一次:"吾未见好德如好色者也。"只是这次在其前边又加了一句:"完了啊!"。南子是卫灵公的夫人, 本就妖媚招摇, 名声不好。一次卫灵公又与南子同车, 招摇过市。孔子亲见这一幕, 于是浮想联翩, 如此感慨。

卫灵公·知柳下惠之贤

子曰：臧文仲其窃位者与？知柳下惠之贤而不与立也。

鹦鹉学舌 孔子说：臧文仲是个德才与职位根本不相称的人，他明知柳下惠是个贤能之人却不推举他做官。

画蛇添足 提到柳下惠，人们就想到坐怀不乱，其实柳下惠是个伟大的教育家、政治家、思想家。柳下惠，姓展，名获，字子禽，谥号惠，因其封地在柳下，所以被尊称为柳下惠。柳下惠是展姓和柳姓的"得姓始祖"，生于今山东省平阴县孝直镇展洼村，墓葬在山东省新泰市柳里村北。柳里村人多姓展。关于柳下惠坐怀不乱的故事有多个版本，其中一个版本是：在一寒冷的雨夜，柳下惠在一座破庙里遇到了一个冻僵了的女子，柳下惠就让她坐于怀中取暖，不但他行为不乱，他的心绪都未乱。

卫灵公·躬自厚

子曰：躬自厚而薄责于人，则远怨矣。

鹦鹉学舌　孔子说：多自省而少责备于人，怨恨你的人就少了。

画蛇添足　用中华人民共和国开国总理周恩来的话说就是"严以律己，宽以待人"。周恩来总理是这样说的，也是这样做的。没听说有谁怨恨过周恩来。当然，周恩来的话，至少上半句是从宋时陈亮"严于律己"中借来的。

卫灵公·如之何

子曰：不曰"如之何，如之何"者，吾末如之何也已矣。

鹦鹉学舌 孔子说：遇到疑难问题自己解决不了，又从来不知道向他人请问"怎么办，怎么办"的人，我也不知道怎么办了。

画蛇添足 在《论语·为政》中孔子曾说："知之为知之，不知为不知，是知也。"知道就是知道，不知道就是不知道，这才是明智的做法。在《论语·为政》中孔子还说过："学而不思则罔，思而不学则殆。"只学习而不思考照样迷茫和不解，只思考而不学习照样疑惑和危险。如果既不学习又不思考，还以为自己什么都知道，什么都懂，不懂装懂，那这个人就真的无药可救了。

卫灵公·群居终日

子曰：群居终日，言不及义，好行小慧，难矣哉！

鹦鹉学舌 孔子说：整天聚在一起，不谈点正经的事，喜欢耍点小聪明，这样的人难成大事！

画蛇添足 一副难成大事的"众生相"，被孔子刻画得惟妙惟肖。看过，脸红吗？

卫灵公·义以为质

子曰：君子义以为质，礼以行之，孙（逊）以出之，信以成之。君子哉！

鹦鹉学舌 孔子说：君子以道义为本质，然后用礼法来推行自己的道义，用谦逊的语言来表达自己的道义，最终用诚信来成就自己的道义。这才是君子啊！

画蛇添足 义不正，则礼难行；礼难行，则逊难出；逊难出，则信难成。虽牵强附会，但也确实暗含了"名不正，则言不顺；言不顺，则事不成……"

卫灵公·君子病无能

子曰：君子病无能焉，不病人之不己知也。

鹦鹉学舌　孔子说：君子怕自己无能，不怕别人不了解自己。

画蛇添足　大致的话，在《论语》中孔子至少说过三次了。第一次，《论语·里仁》，子曰：不患无位，患所以立；不患莫己知，求为可知也。第二次，《论语·宪问》，子曰：不患人之不己知，患其不能也。这是第三次。《论语·学而》算半次，子曰：不患人之不己知，患不知人也。

这样说来，到目前为止，类似的话，孔子至少说过三次半了。

卫灵公·君子疾

子曰：君子疾没世而名不称焉。

鹦鹉学舌　孔子说：君子最遗恨的是到死也没有名声。

画蛇添足　《史记·孔子世家》上有一段话，浓缩后的核心之意是，孔子担心死后不能留名（君子疾没世而名不称焉），担心自己的主张不能在后世推行，担心自己没什么留给后世，于是根据鲁国历史作了《春秋》。

卫灵公·君子求诸己

子曰：君子求诸己，小人求诸人。

鹦鹉学舌　孔子说：君子遇到困难总是想方设法自己去克服，而普通人总是要寻求他人帮助。

画蛇添足　君子求之于己，小人求之于人，那么，求之于鬼神者，算什么人呢？

卫灵公·矜而不争

子曰：君子矜而不争，群而不党。

鹦鹉学舌 孔子说：君子庄重自尊而不与人争，合群合作却不结党营私。

画蛇添足 写到这儿，我不由自主地吟咏出"君子矜而不争，群而不党，和而不同。"这都是孔子之言，我只是鬼使神差地作了自然嫁接。

卫灵公·以言举人

子曰：君子不以言举人，不以人废言。

鹦鹉学舌　孔子说：君子不因一个人言之有道就举荐他，也不因一个人位卑品低就否定其言中之道。

画蛇添足　以言举人，这是人们最常犯的错误，天子常犯此错，普通人也常犯此错。普通人错也就错了，天子错了，那可是要命的事。以言举人，莫过于那个赵孝成王起用了纸上谈兵的赵括，丢了几十万大军，差点连国家也葬送了。孔子用"听其言观其行"来告诫人们，又用"巧言令色鲜矣仁（几乎没好人）"来告诫人们，可见，要做到不以言举人有多难。至于不以人废言，恐怕就更难做到了。

卫灵公·其恕乎

子贡问曰：有一言而可以终身行之者乎？

子曰：其恕乎！己所不欲，勿施于人。

鹦鹉学舌　子贡问：有一句话可以终身受用的吗？

孔子说：那就是恕吧！自己不想做的事，不要强加于人。

画蛇添足　在《论语·颜渊》中，孔子用"己所不欲，勿施于人"，教导过仲弓，在此，又用来教导了子贡。在《论语·里仁》中曾子说过："夫子之道，忠恕而已矣。"忠，就是尽心为人；恕，就是推己及人。孔子之道，曾子将其概括为"忠恕之道"，应该是一语中的。

卫灵公·巧言惑人

子曰：巧言乱德，小不忍则乱大谋。

鹦鹉学舌　孔子说：花言巧语乱德，小事不忍则乱大谋。

画蛇添足　一般人都知道"小不忍则乱大谋"，少有人知道"巧言乱德"。巧言乱德，乱谁的德呢？善于花言巧语的人，乱了自己的德性；爱听花言巧语的人，乱了自己的德性；不辨花言巧语的人，乱了自己的德性。妖言惑众，巧言惑人。整个《论语微阅读》每篇的题目，大都取自每篇开头几个字，或是其中一言，唯本篇，编者加了一点私货，借用"巧言"，加了"惑人"，因此本篇的题目叫"巧言惑人"。

卫灵公·众恶之

子曰：众恶之，必察焉；众好之，必察焉。

鹦鹉学舌　孔子说：人人都讨厌他，不要轻信，一定要亲自考察；人人都喜欢他，不要轻信，也一定要亲自考察。

画蛇添足　汉·刘向《说苑·政理》："夫耳闻之，不如目见之；目见之，不如足践之。"耳听为虚，眼见为实，出自"夫耳闻之，不如目见之。"后两句的意思是：亲眼所见，不如亲自去实践实证。刘向所言，应该是受到了孔子之言的启发。

卫灵公·人能弘道

子曰：人能弘道，非道弘人。

鹦鹉学舌　孔子说：人能够弘扬道义，不是道义弘扬人。

画蛇添足　中国的传统文化为什么长盛不衰？在前文中我曾讲过类似的观点：以孔子为代表的一代又一代的弘道者，一代又一代的卫道者，一代又一代的殉道者，前赴后继，代代相传——舍生取义，是对义最大的弘扬；杀身成仁，是对仁最大的弘扬；视死如归，是对道最大的弘扬。不过，人在弘道的过程中，其实就是道弘人，道完善人，道塑造人。人弘道，道弘人，应该是相辅相成。

卫灵公·过而不改

子曰：过而不改，是谓过矣。

鹦鹉学舌 孔子说：有了过错而不改正，那才是真的错了。

画蛇添足 《左传》有言："人谁无过，过而能改，善莫大焉。"此言经过演化就成了我们更熟悉的"人非圣贤，孰能无过，过而能改，善莫大焉"。其实，圣贤同样有过，只是圣贤闻过则喜，闻过能改，所以圣贤才成为圣贤——善莫大焉！

卫灵公·吾尝终日不食

子曰：吾尝终日不食，终夜不寝，以思，无益，不如学也。

鹦鹉学舌　孔子说：为了思考，我曾尝试着终日不食，终夜不睡，但最终并无大获，还不如去读书学习。

画蛇添足　这是孔子关于思考和学习的经验体会。古往今来，有多少伟大的思想，有多少伟大的科学成就，在冥思苦想中并无所获，却在读书学习的过程中突然获得了灵感，或者是在生活实践中突然受到了启发，而最终豁然开朗。当然，孔子绝不会傻到不吃、不喝、不睡，只是借此强调学习的重要性。孔子也绝不是贬低思考，孔子只是告诉人们：当你"思而不得"之时，就去学习吧，别在那儿废寝忘食地思考了，你的思考已经走入死胡同。关于学与思，孔子早已表明了态度："学而不思则罔，思而不学则殆。"

卫灵公·君子谋道

子曰：君子谋道不谋食。耕也，馁在其中矣；学也，禄在其中矣。君子忧道不忧贫。

鹦鹉学舌 孔子说：君子谋求道，不谋求衣食。耕田的人，会饿肚子；求学的人，自有俸禄。所以，君子只忧自己无道而不忧自己贫穷。

画蛇添足 我们可以批判孔子，但孔子说的是实话。放眼四顾——天天种地的人，过去吃不上饭，现在也就是吃上饭了；天天做工的人，过去穿不上衣，现在也就是穿上衣了；天天垒砖的人，过去无房可住，现在也住不上高楼大厦。至于"君子谋道"之"道"，到底是个什么"道"，可以结合当下，简单理解为治国、治世、治事、治人之道。

卫灵公·君子不可小知

子曰：君子不可小知，而可大受也。小人不可大受，而可小知也。

鹦鹉学舌　孔子说：不能让那些栋梁之材去做一些小事情，但可以让他们担当大任。不能让那些"砖瓦之人"担当大任，却可以让他们做一些具体的小事。

画蛇添足　知人善任，量材使用。担当大任者，可能把小事做得一塌糊涂，甚至是生活中的"白痴"。相反，有的人能把生活和工作中的具体事料理得井井有条，反而对大事一窍不通。

卫灵公·当仁不让

子曰: 当仁不让于师。

鹦鹉学舌 孔子说: 追求仁德不必让着自己的老师, 也不必不如自己的老师, 更不必相信自己的老师。

画蛇添足 "吾爱吾师, 吾更爱真理。"说这话的是古希腊的亚里士多德。亚里士多德是柏拉图的学生。亚里士多德, 很崇敬他的老师柏拉图, 但对柏拉图的一些哲学观点, 亚里士多德不但不认同, 还坚决批判。有人就此指责亚里士多德背叛老师, 于是亚里士多德就说出了那句千古名言: "吾爱吾师, 吾更真爱理。"当仁不让, 莫过于亚里士多德。不过, 当仁不让, 往往成了现代人争权夺利的借口。

卫灵公·君子贞而不谅

子曰：君子贞而不谅（诚实之意）。

鹦鹉学舌　孔子说：君子坚持正道，而不必拘泥于小信小节。

画蛇添足　在《论语·宪问》篇中，对管仲背叛主子公子纠而辅佐了齐桓公，子路和子贡两个课代表，都耿耿于怀，孔子就是用类似之言来回答的。对普通人来说，父母得了绝症，做子女的不如实相告，甚至撒谎，这属坚持正道而不拘小信小节；对国军将领傅作义来说，背叛蒋介石，保全北京城，这属坚持正道，而不拘小信小节。

卫灵公·敬其事而后

子曰：事君，敬其事而后其食。

鹦鹉学舌　孔子说：侍奉君主，只要认真做事，俸禄自在其中。

画蛇添足　谋事，食在其中矣；做事，禄在其中矣；敬其事，而相应的待遇自在其中矣。总而言之，要先谋事、做事、敬事，而后才是回报。当老板是如此，给人打工也是如此。先劳后获，是先因后果；不劳而获，是痴心妄想。

卫灵公·有教无类

子曰：有教无类。

鹦鹉学舌 孔子说：不管什么人都应该受到教育，不管高低贵贱、智商高低，统统都应该受到教育。

画蛇添足 孔子有教无类的思想，在中国教育史上甚至在中国发展史上，都有着划时代的意义。在此之前，受教育的权利，被上层所垄断，自孔子始，这一垄断被打破。孔子是有教无类的倡导者和实践者。孔子弟子三千，不分东西南北，不分年龄大小，不分鲁国、宋国，不论身份高低，不管想学士还是想学商，只要交过学费，就可以跟着学习了。只可惜，这个"无类"在当时没有把女人包括进来。

你能来，你也能来，你们都可以来上学！

卫灵公·道不同

子曰：道不同，不相为谋。

鹦鹉学舌 孔子说：追求和主张不同，就不在一起谋划共事了。

画蛇添足 管宁割席、割袍断义、分道扬镳，大概讲的都是"道不同，不相为谋"，而志同道合讲的恰恰是"道相同，相为谋"。不过"道不同，不相为谋"，在现代已经被过度使用和过度解读，成了人们分道扬镳、占领道德高地的一种自我支持，似乎是谁说出此言，道义就站在了谁的一边。

卫灵公·师冕见

师冕见，及阶，子曰：阶也。及席，子曰：席也。皆坐，子告之曰：某在斯，某在斯。师冕出，子张问曰：与师言之，道与？子曰：然。固相师之道也。

鹦鹉学舌 一个叫冕的盲人乐师来见孔子，他走到台阶前，孔子说：小心台阶。走到席位旁，孔子说：这是席位。待所有的人都坐定后，孔子便告诉他：某人在你的左边，某人在你的右边，某人在你的对面，如此而已。师冕走后，子张问：这就是和盲人乐师相处之道吗？孔子说：是的，这就是和盲人乐师的相处之道。

画蛇添足 在古代，乐师多为盲人。即便在现代，盲人也多乐师。盲人要过门槛了，孔子提醒说："门槛，小心，高抬脚。"同时孔子伸出双手，似扶非扶，以防盲人绊倒。这就是孔子！

季氏·季氏将伐颛臾

季氏想灭掉一个叫颛（zhuān）臾的藩属国。冉求、仲由作为家臣竭力为自己及其主子辩护。孔子对其主子及弟子相当不满……原文略去，此意为编者根据原文取其大意。下为孔子原话。

孔子曰：求！君子疾夫舍曰欲之而必为之辞。丘也闻有国有家者，不患寡而患不均，不患贫而患不安。盖均无贫，和无寡，安无倾。夫如是，故远人不服，则修文德以来之。既来之，则安之。今由与求也，相夫子，远人不服而不能来也，邦分崩离析而不能守也；而谋动干戈于邦内。吾恐季孙之忧，不在颛臾，而在萧墙之内也。

鹦鹉学舌 孔子说：冉求，君子最讨厌那些既贪得无厌，又强词夺理的人。我听说，一个国家不怕物质匮乏就怕不平均，不怕贫困就怕不安定。因为都一样就没谁显得贫穷，因为没谁显得穷，社会就和谐，就不怕物质匮乏，就安定，政权就不会倾覆。能做到这样，如果远方的人还不能来归服，就要通过修文重德以吸引他们前来。他们来了就要使他们安顿下来。如今仲由和冉求你们两个辅佐季孙，远方的人不服而不愿来，国家要分崩离析你们又不能守护；却要在国内大动干戈。我担心季孙的忧患不在颛臾，而是在国内。

画蛇添足 本段，编者既有逐句"学舌"，又据其内在逻辑大胆意译。不患贫，而患不均，比较典型地反映了孔子的反战思想，对后世影响很大。

季氏·益者三友

孔子曰：益者三友，损者三友。友直，友谅（诚实），友多闻，益矣。友便（pián）辟（僻），友善柔，友便佞，损矣。

鹦鹉学舌 孔子说：有益的朋友有三类，有害的朋友有三类。结交正直之人，结交诚实之人，结交见多识广之人，这是有益的。结交性情古怪之人，结交逢迎圆滑之人，结交能说会道之人，这是有害的。

画蛇添足 良师益友，如果颠倒一下，就是益友良师。据此逻辑，就可演化出"损友恶师"。

季氏·益者三乐

孔子曰：益者三乐，损者三乐。乐节礼乐，乐道人之善，乐多贤友，益矣。乐骄乐，乐佚游，乐晏乐，损矣。

鹦鹉学舌　孔子说：有益的乐（lè）有三种，有害的乐有三种。乐（lè）以礼乐（yuè）规范自己，乐以称道他人之善，乐以结交贤朋良友，这是有益的。乐以骄奢淫逸，乐以游荡闲逛，乐以吃喝玩乐，这是有害的。

画蛇添足　前篇为"益者三友，损者三友"。本篇为"益者三乐，损者三乐"。往下看，孔子还要"三"出哪些良言益语。

季氏·侍于君子有三愆

孔子曰：侍于君子有三愆（qiān）：言未及之而言谓之躁，言及之而不言谓之隐，未见颜色而言谓之瞽（gǔ）。

鹦鹉学舌 孔子说：侍奉君主易犯三种过失：没到该你说话的时候就说话，这叫急躁；该你说话的时候你不说，这叫隐匿；不看对方的脸色就说话，这叫盲目。

画蛇添足 说早了不行，说晚了不行；说重了不行，说轻了不行；不说不行，说了也不行；不看脸色尤其不行。伴君如伴虎。

季氏·君子有三戒

孔子曰：君子有三戒：少之时，血气未定，戒之在色；及其壮也，血气方刚，戒之在斗；及其老也，血气既衰，戒之在得。

鹦鹉学舌　孔子说：君子有三戒：少年之时，血气未定，要戒女色；到了壮年，血气刚盛，要戒斗强；到了老年，血气衰退，要戒贪得。

画蛇添足　孔子，就是一个人生的全科医生啊！三戒，必去三祸。违之，必有三祸。

季氏·君子有三畏

孔子曰：君子有三畏：畏天命，畏大人，畏圣人之言。小人不知天命而不畏也，狎大人，侮圣人之言。

鹦鹉学舌 孔子说：君子有三种敬畏：敬畏天命，敬畏大人，敬畏圣人之言。小人不懂天命，所以不知敬畏，轻视大人，侮慢圣人之言。

画蛇添足 无知者无畏。自此，孔子归纳为"三"的人生智慧，便暂告一段落。

季氏·生而知之

孔子曰：生而知之者，上也；学而知之者，次也；困而学之，又其次也；困而不学，民斯为下矣。

鹦鹉学舌　孔子说：生下来就有知识的人，是上等人；经过学习而掌握知识的人，是次一等的人；遇到困难而学习的人，是又次一等的人；遇到困难仍然不肯学习的人，那是最下等的人。

画蛇添足　那么孔子属于哪一等的人呢？在《论语·述而》中，孔子自我评价说："我非生而知之者，好古，敏以求之者也。"用大白话说就是：我不是生来就有知识的人，而是因为我喜爱古代的文化，勤奋敏捷苦苦以求来的。如果孔子都非生而知之者，那至少中国自古以来，就没有生而知之者了。

季氏·君子有九思

孔子曰：君子有九思：视思明，听思聪，色思温，貌思恭，言思忠，事思敬，疑思问，忿思难，见得思义。

鹦鹉学舌　孔子说：君子为人有九种要思考的事：看人看事，要思考是否看明白了；听人言，要思考是否听清楚了；与人交往，要思考脸色是否温和；待人接物，要思考面貌是否恭敬；说话，要思考是否真诚；做事，要思考是否认真；遇疑，要思考向人请教了没有；愤怒，要思考是否带来恶果；见利，要思考得之是否符合道义。

画蛇添足　多看则明，多听则清，心和则色温，人谦则貌恭，心诚则言忠，尽心则事敬，善学则疑问，息忿则避难，德高则见利思义。

季氏·见善如不及

　　子曰：见善如不及，见不善如探汤。吾见其人矣，吾闻其语矣。隐居以求其志，行义以达其道。吾闻其语矣，未见其人也。

　　鹦鹉学舌　孔子说：见善，就如自己没有做到，要赶上；见不善，就如手触沸水，不由自主地缩回。我见过这样的人，我也听过这样的话。以隐居来实现自己的志向，靠义（而不是行动）来实现自己的理想。我听过这样的话，但没有见到过能如此实现目标的人。

　　画蛇添足　孔子主张"入世"，在"入世"的实践中，甚至是"明知不可为而为之"，对那些"出世"者，也就是隐者，或者叫"隐而论道"者，孔子虽然没有明确表示反对，但也委婉地说明"隐而无用"：靠义而不是靠行动，永远也实现不了所主张的道。

季氏·齐景公有马

齐景公有马千驷，死之日，民无德而称焉。伯夷叔齐饿死于首阳之下，民到于今称之。其斯之谓与？

鹦鹉学舌 齐景公有四千匹马，死的时候，他没什么德行值得老百姓称道。伯夷叔齐饿死在首阳山下，老百姓至今还在称道他们。你看，人们称道的是义，而不是财富吧。

画蛇添足 《晏子春秋》上有故事说：养马人不知怎么弄死了齐景公的一匹马。齐景公要亲手杀掉养马人，谁也不敢劝阻。晏子说："您这样把他处死，他死也不知道犯的什么罪，我先列明他的罪状，您再杀掉他也不晚。"得到齐景公批准后，晏子继续说："你职责是养马却杀了马，你罪当死；你因此罪让我们国君杀了养马人，你罪又当死；我们国君因杀了养马人而被诸侯数落，你罪更该当死。"闻听晏子此言，齐景公说："你放了他吧，别坏了我的名声。"

　　伯夷叔齐前边已作简要介绍。孤竹国君将君位传于小儿叔齐，老国君死后，叔齐要把君位还给哥哥伯夷，而伯夷为了让弟弟安心做国君，自己躲了出去。于是，弟弟叔齐就外出寻找哥哥伯夷。找到哥哥后，哥俩推来让去谁也不肯做国君。哥俩听说周文王行仁道（那时商朝还在，周尚未统一中国），哥俩就去投周。周文王死后，周武王要伐纣，哥俩拦马而谏，周武王不从，仍然要伐纣。武王灭商后，要封哥俩做官，哥俩躲于河南偃师首阳山，饿死不食周粟。

阳货·阳货欲见

阳货欲见孔子，孔子不见，归孔子豚。孔子时其亡也，而往拜之，遇诸涂（途）。谓孔子曰：来！予与尔言。（阳货）曰：怀其宝而迷其邦，可谓仁乎？（阳货）曰：不可。（阳货）曰：好从事而亟失时，可谓知乎？（阳货）曰：不可。（阳货）曰：日月逝矣，岁不我与。

孔子曰：诺，吾将仕矣。

鹦鹉学舌 阳货想见孔子，孔子避而不见，阳货留下一只熟小猪就走了。孔子打听到阳货不在家的时候就去回访他，却在半路遇到阳货。阳货对孔子说：过来，我对你说。孔子近前后阳货又说：身怀本领却听任国迷邦乱，这可谓仁吗？阳货自问自答地说：不可谓仁！阳货继续说：想从政却又屡失机会，这可谓聪明吗？阳货又自问自答地说：不可谓聪明！阳货最后总结说：日月如梭，时不我待啊！

呵呵，呵呵……

我对你的意见很大！我说，你听着！

孔子说：好吧，我要去做官了。

画蛇添足 阳货，季氏家臣，后又专权鲁国朝政，孔子对阳货极其鄙视，但又不愿公开得罪，所以你来见，我避而不见。来而不往非礼也，找你不在家的时候，我去回访，既不用见你，又不失礼。无奈，路遇。可见孔子当时是何等尴尬！此时的孔子，进退两难，只好听阳货教训。孔子不想对牛弹琴，于是就说，好吧，好吧，我出来做官。孔子真会出来做官吗？孔子说这话只是想尽快脱身。从这个故事看出，孔子也世故，且也有些圆滑。

阳货·性相近

子曰：性相近也，习相远也。

鹦鹉学舌　孔子说：人的本性是相近的，受后天环境的影响，习性差别就大了。

画蛇添足　"人之初，性本善。性相近，习相远。"原来《三字经》的作者——宋时王应麟是从孔子这儿借的啊。

阳货·唯上知与下愚

子曰：唯上知与下愚不移。

鹦鹉学舌　孔子说：唯有上等的智者和下等的愚者才会坚定不移。

画蛇添足　有智慧的人对自己的信仰和志向坚定不移，愚蠢的人对自己的迷信和偏执坚定不移。

阳货·子之武城

子之武城，闻弦歌之声。夫子莞尔而笑，曰：割鸡焉用牛刀？

子游对曰：昔者偃也闻诸夫子曰："君子学道则爱人，小人学道则易使也。"

子曰：二三子，偃之言是也。前言戏之耳。

鹦鹉学舌　孔子到了武城，听到弹琴唱歌的声音。孔子微笑着说：杀鸡何须牛刀？

子游回答说：过去您曾教导我们说："君子学礼乐之道则会爱人，普通人学礼乐之道则易指使。"

孔子说：弟子们，子游的话是对的。我刚才只是开了个玩笑而已。

画蛇添足　子游，前已介绍，姓言，名偃，字子游。子游在武城做县长的时候，孔子率弟子来参观。孔子虽然说自己是开玩笑，但根据前后语境来看，孔子还真不是开玩笑。看来孔子也有口是心非的时候。

阳货·君子五德

子张问仁于孔子。孔子曰：能行五者于天下为仁矣。（子张）请问之。

（子）曰：恭、宽、信、敏、惠。恭则不侮，宽则得众，信则人任焉，敏则有功，惠则足以使人。

鹦鹉学舌　子张向孔子请教什么是仁。孔子说：能够推行五种品德于天下的人，就可以为仁了。

子张说：请问是哪五种品德呢？

孔子说：恭敬、宽厚、忠信、敏捷、恩惠。恭敬则不会轻慢人，宽厚则得众人拥护，忠信则被人信任，敏捷则功成，恩惠于人就足以指使人。

画蛇添足　至此，总结一下孔子的数字模式：一、益者三友，损者三友；二、益者三乐，损者三乐；三、侍于君子有三愆；四、君子有三戒；五、君子有三畏；六、君子有九思；七、君子有五德。孔子的数字模式到此就结束了吗？没有，没有，接下来就是六言六蔽。

阳货·六言六蔽

子曰：由也，女（rǔ）闻六言六蔽矣乎？对曰：未也。

子曰：居，吾语女（rǔ）。好仁不好学，其蔽（弊）也愚；好知不好学，其蔽也荡；好信不好学，其蔽也贼；好直不好学，其蔽也绞；好勇不好学，其蔽也乱；好刚不好学，其蔽也狂。

鹦鹉学舌 孔子说：仲由啊，你听说过六种品德和六种弊病吗？子路说：没有。

孔子说：你坐下来，我说给你听。好仁却不好学，其病在愚蠢；好知却不好学，其病在放荡；好信却不好学，其病在危害亲人；好直却不好学，其病在尖刻；好勇却不好学，其病在闯祸；好刚却不好学，其病在狂妄。

正是！

老师，这些弊病都源于不爱学习吧？

画蛇添足 孔子在《论语·泰伯》中说：恭而无礼则劳，慎而无礼则葸（xǐ），勇而无礼则乱，直而无礼则绞。意思是说，恭敬而不合礼，徒劳；谨慎而不合礼，畏缩；勇敢而不合礼，闯祸；率直而不合礼，尖刻。在"泰伯"中孔子强调的是"礼"，在本篇中孔子强调的是"学"。其"礼"和"学"可大体理解为同意，或者可从其内在逻辑上理解为不学何以为礼？

阳货·小子何莫学夫诗

子曰：小子何莫学夫诗。诗，可以兴，可以观，可以群，可以怨。迩之事父，远之事君；多识于鸟兽草木之名。

鹦鹉学舌　孔子说：弟子们，你们何不学《诗经》呢？《诗经》，可以激发情怀，可以培养观察能力，可以借此交友，可以怀古怨今。近可以用其中道理侍奉父母，远可以用其中之道侍奉君王；并且还可以多知道一些鸟兽草木的名称。

画蛇添足　为什么学诗还可以"多识于鸟兽草木之名"呢？《诗经》在当时就是一部最权威的百科全书。在《论语》中孔子的儿子孔鲤在和一个叫陈亢的同学说到父亲时，曾说，父亲曾教导我说："不学诗，无以言。"还教导我说："不学礼，无以立。"如果结合本文之意，把后一句改一下，两句话连起来就是："不学诗，无以言；不学诗，无以立。"不学诗，你都没法说话了；不学诗，你在社会上都无法立足了。可见，学诗在当时是何等重要！

阳货·礼云礼云

子曰：礼云礼云，玉帛云乎哉？乐云乐云，钟鼓云乎哉？

鹦鹉学舌 孔子说：礼呀礼呀，仅仅是指玉帛之类的礼器吗？乐呀乐呀，仅仅是指钟鼓之类的乐器吗？

画蛇添足 孔子的言下之意是什么呢？——祭祀典礼，人们只是摆弄摆弄礼器，流于形式罢了，唱歌跳舞，也只是吹吹打打，而忘了乐之根本是用来陶冶情操的了。

阳货·色厉而内荏

子曰：色厉而内荏（rěn），譬诸小人，其犹穿窬（yú）之盗也与？

鹦鹉学舌　孔子说：外貌严厉而内怯，用老百姓的比喻，就像是穿墙挖洞的小偷吧？

画蛇添足　哦，色厉内荏，作为成语，出自这里。孔子为什么说色厉内荏就像小偷呢？小偷看起来胆大包天，其实内心怕得要死。

阳货·道听途说

子曰：道听而途说，德之弃也。

鹦鹉学舌 孔子说：在路上听到传言又到处传播的人，是与道德背道而被"弃"的。

画蛇添足 《荀子》有言：流言止于智者——后演变成"谣言止于智者"。孔子、荀子之后，人又进化了两千多年，然而现在网络上的道听途说，手机上的流言、谣言、传言，搞的智者们连真话也不敢信了。这才真是应了那句话——假作真时真亦假了。

阳货·患得患失

子曰：鄙夫可与事君也与哉？其未得之也，患得之。既得之，患失之。苟患失之，无所不至矣。

鹦鹉学舌 孔子说：一个浅薄的人，可以和他一起侍奉国君吗？他在未得到官位之前，怕得不到。得到官位之后，又怕失去。如果一个人总怕失去自己的官位，那么他为保住其官位，是会不择手段的。

画蛇添足 在此，我们又遇到"患得患失"，可以说，如果没有孔子，没有《论语》，我泱泱中华便没有今天的语言系统。从另一面来解释这个观点，完全可以这样论断：以孔子为代表的诸子百家奠定了中华文明的语言系统。我们今天用的成语，很大部分来自诸子百家。如果在我们今天的表达体系中，去掉成语，看看我们还怎么说话？

只要保住这顶官帽．把爹妈卖掉都成！

阳货·古者民有三疾

子曰：古者民有三疾，今也或是之亡也。古之狂也肆，今之狂也荡；古之矜也廉，今之矜也忿戾；古之愚也直，今之愚也诈而已矣。

鹦鹉学舌　孔子说：古代的人有三种毛病，现在恐怕连这三种毛病也没原来的样子了。古代的狂只是肆意，现在的狂却是放荡；古代的矜持只是严肃不苟，现在的矜持却是盛气凌人；古代的愚笨只是愚直，现在的愚笨却是装疯卖傻啊！

画蛇添足　貌愚实诈，貌忠实伪，外愚内奸，此种人太可怕了。

阳货·巧言令色

子曰：巧言令色，鲜矣仁。

鹦鹉学舌　孔子说：善于花言巧语、饰以颜色者，是少有仁德之人的。

画蛇添足　同样的话，一字不多，一字不少，孔子在《论语·学而》中已经说过一遍了，但编者的《鹦鹉学舌》，却略有出入。《论语·学而》"学舌"为："善于花言巧语、饰以颜色者，仁慈之心就很少了。"——着重指的是这个人。而本篇的"善于花言巧语、饰以颜色者，是少有仁德之人的"。——着重指的是这一类人。其实，孔子在《论语·公冶长》中就明确表明了对巧言令色者的态度："巧言、令色、足恭，左丘明耻之，丘亦耻之。"孔子说："对那些巧言令色、过分恭敬的人，左丘明看不起这种人，我孔丘也看不起这种人。"

论语·阳货·予欲无言

子曰：予欲无言。

子贡曰：子如不言，则小子何述焉？

子曰：天何言哉？四时行焉，百物生焉，天何言哉？

鹦鹉学舌　孔子说：我不想再说了。

子贡说：您如果不说了，我们这些做学生的，还学什么、传什么、记什么呢？

孔子说：老天何言？四季照样运行，万物照样生长，老天说什么了吗？

画蛇添足　孔子周游列国到处推销自己的治世之思想，但处处碰壁。孔子自认为自己说的太多了，说也无用，干脆不说了。但编者想，当时的孔子，会有多少次，欲说又罢，欲罢又说。孔子是孤独的，孔子是矛盾的。孔子的孤独和孔子的矛盾，时人很难理解，今人也只能试图去理解。

阳货·饱食终日

子曰：饱食终日，无所用心，难矣哉！不有博弈者乎？为之，犹贤乎已。

鹦鹉学舌　孔子说：饱食终日，无所用心，这样的人很难办！不是有下棋的吗？下棋也比这样好一些吧！

画蛇添足　饱食终日，无所用心，孔子为什么要说"难矣哉"？孔子为什么又说，如其这样，还不如打打牌、下下棋呢？饱食终日，无所用心，游手好闲，接下来就是惹是生非，所以孔子说，还不如去打打牌、下下棋，免得惹是生非呢！

阳货·君子尚勇

子路曰：君子尚勇乎？

子曰：君子义以为上。君子有勇而无义为乱，小人有勇而无义为盗。

鹦鹉学舌　子路说：君子崇尚勇敢吗？

孔子说：君子首先崇尚道义。君子有勇而无道义，容易犯上作乱；普通人有勇而无道义，容易为盗贼。

画蛇添足　勇而无义、勇而无礼、勇而无学、勇而无仁、勇而无忠、勇而无信、易乱易盗……孔子在不同的场合，对不同的人，从不同的侧面，反反复复地讲啊，苦口婆心地讲啊，不厌其烦地讲啊讲啊！当然孔子更从另一面一再强调，君子以义为质、以义为本、以义为先……

阳货·唯女子与小人

子曰：唯女子与小人为难养也，近之则不孙（逊），远之则怨。

鹦鹉学舌　孔子说：唯女子和小人是最难教养的，亲近了，他们就不知天高地厚；疏远了，他们又抱怨连连。

画蛇添足　不为孔子辩解，也不做任何评论。

阳货·年四十

子曰：年四十而见恶焉，其终也已。

鹦鹉学舌　孔子说：人到了四十岁还被人厌恶，他这辈子也就这样了。

画蛇添足　三十而立，四十不惑，已经到了不惑之年，不但未立，不但仍惑，还被人讨厌，这样的人还有救吗？

微子·柳下惠为士师

柳下惠为士师，三黜。人曰：子未可以去乎？

柳下惠曰：直道而事人，焉往而不三黜？枉道而事人，何必去父母之邦？

鹦鹉学舌　柳下惠在鲁国做官时三次被罢免。有人说：你为什么不离鲁而去呢？

柳下惠说：如果以正直之道侍奉君主，走到哪里不是被多次罢免呢？如果不以正直之道侍奉君主，何必还要离开父母之邦呢？

画蛇添足　柳下惠真智者也！柳下惠在这方面的认识水平要高于孔子。遇到政治黑暗，孔子是能避世就避世，不能避世就避地，不能避地就避人（色），不能避人就避言，反正是能躲就躲，离你远一点。柳下惠的观点是：如果你正直，到了哪儿不是这样？如果你不正直，何必去这去那？柳下惠对后世的影响很大。

    《战国策·齐策四》"齐宣王见颜斶（chù）"中有言：昔者秦攻齐，令曰："有敢去柳下季垄五十步而樵采者，死不赦。"秦国攻打齐国，要经过鲁地。秦军明令要保护柳下惠在鲁国的墓地，并规定在柳下惠墓附近砍柴的人要处以死刑。柳下惠对后世的影响由此可见。

微子·楚狂接舆

楚狂接舆歌而过孔子曰：凤兮凤兮！何德之衰？往者不可谏，来者犹可追。已而已而！今之从政者殆而！

孔子下，欲与之言。趋而辟（避）之，不得与之言。

鹦鹉学舌 楚国有个叫接舆的狂人唱着歌经过孔子身旁说：凤鸟啊，凤鸟！世道已衰败到如此程度，你出来又有何用呢？过去的就过去了，已无法挽回；未来还来得及，还是可以改弦更张的。算了吧，算了吧，今天的从政者实在是太危险了。

孔子下车，想同他说话，他急忙躲开了。孔子没能和他交谈。

画蛇添足 接舆，楚国隐者狂人。想象一下，接舆歌过孔子是一幅什么样的画面。传说，只有太平盛世，凤凰才现身。在此，接舆以凤凰比孔子，说孔子不识时务。孔子就是这样一个明知不可为而为之的人。孔子的大悲在于明知不可为而为之，孔子的大智同样在于明知不可为而为之。孔子就是这样一个矛盾体。

李白在其长诗《庐山谣寄卢侍御虚舟》中开篇便写到了这段故事："我本楚狂人，凤歌笑孔丘。"

微子·君子不施其亲

周公谓鲁公曰：君子不施（弛）其亲，不使大臣怨乎不以。故旧无大故，则不弃也。无求备于一人。

鹦鹉学舌　周公对鲁公说：君子不疏远自己的宗亲，不使大臣抱怨不被重用。故旧老友没有大的过失，则不要轻易弃用。对人不要求全责备。

画蛇添足　在《论语·学而》"画蛇添足"中已介绍过周公。周公长子伯禽（鲁公）代为执掌鲁国。本篇应该是鲁公赴任前，其父周公对儿子的另一番教导。

子张·士见危致命

子张曰：士见危致命，见得思义，祭思敬，丧思哀，其可已矣。

鹦鹉学舌　子张说：士，见危授命，见利思义，见祭思敬，见丧思哀。为士，果能如此，就可以了。

画蛇添足　虽然孔子评价子张"过犹不及"，还说他"师也辟"——性格偏僻固执，但本篇子张的观点，都是孔子思想、孔子教导的重新排列和组合。

子张·执德不弘

子张曰：执德不弘，信道不笃，焉能为有？焉能为亡？

鹦鹉学舌 子张说：守德却不能发扬光大，信道却又不够坚定，关于德与道，你说他是有呢？还是无呢？

画蛇添足 编者试着发挥一下：执而不弘，信而不笃，做而不坚，为而不持，焉能事成？看看那些有成者，哪一个不是执而弘、信而笃、做而坚、为而持？

子张·日知其所亡

子夏曰：日知其所亡，月无忘其所能，可谓好学也已矣。

鹦鹉学舌 子夏说：每天都要学一点过去所不知道的新知识，每个月都不要忘记已学过的旧知识，就可以说是好学的了。

画蛇添足 学而不思则罔，思而不学则殆。如果把孔子的学习体会改一下：学而不温则罔，温而不学则殆。只学不复习不行，只复习不学也不行。道理简单，实践起来真难。学新还好说，复习旧的真叫一个难。在学校时的复习是没办法，成年之后读书，基本上是"过目就忘"，读了和没读没什么两样。只读过一遍，没再重读，那和没读几乎差不多。编者读书的体会是：好书你不反复读，不读它几遍甚至几十遍，是没有用的。话越说越远了，夫子之言，温故知新。

子张·博学而笃志

子夏曰：博学而笃志，切问而近思，仁在其中矣。

鹦鹉学舌　子夏说：博学而又意志坚定，恳问而又勤于思考，仁自然就在其中了！

画蛇添足　复旦大学校训：博学而笃志，切问而近思。

子张·百工居肆

子夏曰：百工居肆以成其事，君子学以致其道。

鹦鹉学舌　子夏说：各行各业的工匠是在作坊里完成工作，君子则是通过不懈地学习以达其道。

画蛇添足　工以成其事，学以成其道；耕者馁，学者禄；君子谋道不谋食，君子忧道不忧贫。在本篇中，子夏虽未公开宣传其师孔子的这些主张，但骨子里还是那些意思。我们站在工人农民的立场上，真想把孔子师徒打一顿。

子张·小人之过

子夏说：小人之过也必文。

鹦鹉学舌 子夏说：小人犯了过错一定会掩饰。

画蛇添足 文过饰非，语出于此。如果子夏的意思是说，文过饰非的都是小人，那我服。因为不管平民百姓，还是达官贵人，几乎都文过饰非，也几乎都是小人，标准一致，没有歧视。如果其言下之意是，君子犯了错误，就不会文过饰非，那我就很难服气了。有几个君子不犯错？有几个君子不文过？有几个君子不饰非？某种意义上，职位越高，越易文过饰非。因为你文过饰非，别人也不能拿你怎么样。而那些"小人"，你文过饰非，顶头上司在看着，你真不敢；检讨不过关，上司眼一瞪，吓你个半死，甚至把你的"检讨"一撕……

子张·君子有三变

子夏曰：君子有三变：望之俨然，即之也温，听其言也厉。

鹦鹉学舌　子夏说：君子的形象应有三种不同的表现：远望，庄重严肃；接近，温和可亲；听其话，严厉权威。

画蛇添足　小人有几变呢？见上，巴结奉迎，媚态可掬；见下，盛气凌人，颐指气使。

子张·君子信而

子夏曰：君子信而后劳其民；未信，则以为厉己也。信而后谏，未信则以为谤己也。

鹦鹉学舌　子夏说：君子只有取得老百姓信任之后才能让他们去做事；否则，老百姓会认为是残暴虐使。下级只有取得上级的信任后才能去进谏，否则会被上级认为是诽谤。

画蛇添足　对下，信而后劳；对上，信而后谏。我们把子夏之言再开发一下：对下，信而后教；对朋友，信而后劝。

子张·大德不逾闲

子夏曰：大德不逾闲，小德出入可也。

鹦鹉学舌　子夏说：人在大是大非、大德大节上不能越界，在小德小节、细枝末节上有点出入是可以原谅的。

画蛇添足　小节小德可以不拘，但大节大德不可逾，文天祥可谓典型。文天祥本是一个文官，年轻时吃喝玩乐，花天酒地，可谓小节不拘；当元兵兵临城下，皇帝及武将都被吓倒之时，他却自组义兵，奋起抵抗。抵抗失败，文天祥被俘，忽必烈将相位空了三年以期文天祥。而文天祥最后却对忽必烈说：你这样推崇我，可见你是我的知己。既是知己，就成全我吧。忽必烈说：那就明天吧。听过此话，文天祥立刻跪下来：谢了。

"辛苦遭逢起一经，干戈寥落四周星。山河破碎风飘絮，身世浮沉雨打萍。惶恐滩头说惶恐，零丁洋里叹零丁。人生自古谁无死？留取丹心照汗青。"——《过零丁洋》

子张 · 仕而优则学

子夏曰：仕而优则学，学而优则仕。

鹦鹉学舌　子夏说：做官还有余力就要去读书学习，为学还有精力就可以去做官。

画蛇添足　哦，这话不是孔子说的呀！学而优则仕，前边还有一句"仕而优则学"啊！现在我们说，学而优则仕，意思是指，努力学习就是为了做官，原来其本意不是如此啊！

子张·丧致乎哀而止

子游曰：丧致乎哀而止。

鹦鹉学舌　子游说：丧事、丧礼能尽哀就够了。

画蛇添足　子游的言下之意是什么呢？——丧礼隆重不隆重，丧事铺张不铺张，并不重要，只要能尽哀就够了。孔子及其弟子关于"丧"的论述很多，其总的态度是"临丧要哀"，宁简勿繁。在《论语·八佾》中，孔子对他的朋友林放说："丧，与其易（过分）也，宁戚。"意思是说，丧事与其过分操办，还不如多一点哀伤。

子张·吾闻诸夫子

曾子曰：吾闻诸夫子，人未有自致者也，必也亲丧乎。

鹦鹉学舌 曾子说：我听老师说过，人没有充分表达感情的，如果有，也一定是父母去世的时候。

画蛇添足 我们现在说一个人悲痛欲绝、悲痛万分时一般如何形容呢？——如丧考妣(bǐ)。考为父，妣为母。可见，丧父丧母之痛乃世间至痛，丧父丧母之哀乃世间至哀。当然，也有一些人，父母死了说不定还偷着乐呢！

子张·孟氏使阳肤为师

孟氏使阳肤为士师，问于曾子。曾子曰：上失其道，民散久矣。如得其情，则哀矜而勿喜。

鹦鹉学舌 孟孙氏提拔阳肤做司法官，阳肤向曾子请教，如何做好这个司法官。曾子说：执政者已经失去了道义，民众离心离德已经很久了。你判案时，如果了解了老百姓犯罪的真因实情，就要同情怜悯他们，而不是以自己的明断而沾沾自喜。

画蛇添足 《论语·颜渊》季康子问政于孔子曰：如杀无道，以就有道，何如？孔子对曰：子为政，焉用杀？子欲善，而民善矣。君子之德风，小人之德草。草上之风，必偃。

孔子师徒的思想始终如一：民偷是因为君偷，民盗是因为君盗。民无道是因为君无道，民无德是因为君无德。君无的是大道，民无的是小道；君无的是大德，民无的是小德。君子德如大风，民之德如小草，草随风动。所以曾子在此告诫新任司法官阳肤：不要为明断沾沾自喜，而要好好想想老百姓为什么犯罪。

子张·纣之不善

子贡曰：纣之不善，不如是之甚也。是以君子恶居下流，天下之恶皆归焉。

鹦鹉学舌　子贡说：殷纣王虽然无道，但并不像人们说的那么坏。人们因为憎恶卑劣之人，所以就把天下的罪恶都算到了他身上。

画蛇添足　纣，即商纣王，商朝最后一代君主，中国史上最有名的暴君。帮助一个坏人干坏事，叫助纣为虐。周文王、周武王父子造反，史称文王伐纣、武王伐纣。说其无道的成语有：酒池肉林、炮烙之刑、牝（pìn）鸡司晨。

纣王讨伐有苏氏部落，获美女"妲己"，妲己看到蚂蚁爬上铜火盆被烫死，建议纣王造铜柱，并把犯人绑在铜柱上，火烧铜柱——"炮烙"。牧野大战，武王灭商，纣王自焚于鹿台。武王有感而发："牝鸡司晨。"意思是说：母鸡打鸣，女人弄权，家国就要衰落了。但"牝鸡司晨"不是武王原创，武王只是引用《尚书》之言。

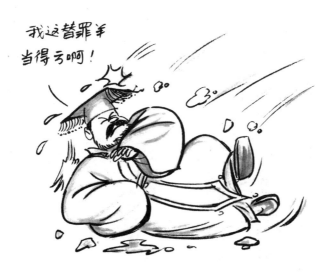

子张·君子之过

子贡曰：君子之过也，如日月之食焉。过也，人皆见之；更也，人皆仰之。

鹦鹉学舌　子贡说：君子的过错，就像天上的日食、月食。他错了，人人看得见；他改了，人人敬仰他。

画蛇添足　孔子有言：过而不改，是谓过矣。《左传》有言：过而能改，善莫大焉。

子张·叔孙武孙语大夫

叔孙武叔语大夫于朝曰：子贡贤于仲尼。

子服景伯以告子贡。子贡曰：譬之宫墙，赐之墙也及肩，窥见室家之好。夫子之墙数仞，不得其门而入，不见宗庙之类，百官之富。得其门者或寡矣。夫子之云，不亦宜乎！

鹦鹉学舌 叔孙武叔这些人在朝堂上说：子贡比他的老师贤明。

有一个叫子服景伯的官员，就把这话传给了子贡。一般人听了这话，肯定要沾沾自喜，飘飘然，而子贡却说：好比宫墙，我端木赐的墙，差不多与肩同高，里边有什么好东西，一望便知；而我老师，墙高数丈，你不得门而入，根本不知其里，根本看不到其内在的高深莫测、丰富多彩。不过，能找到门，并得门而入的人太少了。由此看来，叔孙武叔之辈那样说，不就很自然了吗？

画蛇添足　如果论道，子贡比孔子当然差得很远，但在急功近利的世俗之人眼里，一个政治、军事、经济、外交、经商无所不能的子贡，当然要远高于孔子。叔孙武孙这些人，不见得是拍马屁，他们只是看到了当世之用。论当世之用，子贡肯定高于孔子。但子贡这个人高就高在不但有自知之明，更看到了孔子学问的高深，甚至千年之用。当然，这时候的孔子早已离世而去了，是非功过只能任人评说了。

子张·叔孙武孙毁仲尼

叔孙武叔毁仲尼。子贡曰：无以为也！仲尼不可毁也。他人之贤者，丘陵也，犹可逾也；仲尼，日月也，无得而逾焉。人虽欲自绝，其何伤于日月乎？多见其不知量也。

鹦鹉学舌 叔孙武叔这些人诋毁孔子。子贡说：你们这样做是没用的，我的老师孔子是诋毁不了的。别人的贤明圣德，像丘陵，是可以超越的。我老师孔子的贤明圣德，是天上的日月，是不可能超越的。虽然有人要自绝于日月，那对日月又有什么损害呢？如果实在要这样做，那我只能说你自不量力了。

画蛇添足 为父母守墓三年，已属足孝；而子贡为老师守墓竟达六年，可见子贡对老师感情之深。当然子贡捍卫老师及老师思想，不仅仅是出于感情，而是他真正看到了孔子及孔子思想的伟大和深远。

子贡为孔子守墓，感悟良多，思想已提升到另一个境界。结束六年守墓，子贡又去经商，但这时他已重义轻利，以义为中心经商天下，广施天下。子贡，复姓端木，因此人们就把子贡留下的这种商道商风，称作"端木遗风"，子贡也成"儒商始祖"，同时成为后世供奉的财神爷之一。

子张·陈子禽谓子贡

陈子禽谓子贡曰：子为恭也，仲尼岂贤于子乎？

子贡曰：君子一言以为知，一言以为不知，言不可不慎也。夫子之不可及也，犹天之不可阶而升也。夫子之得邦家者，所谓立之斯立，道之斯行，绥之斯来，动之斯和。其生也荣，其死也哀，如之何其可及也？

鹦鹉学舌 这应该是孔子身后的事。此时的子贡身居高位。孔子一个叫陈子禽的学生，对其师兄子贡说：老兄，你太谦虚了吧，咱们的老师怎么能比你更贤明呢？

子贡说：有的人一张口就知他有多聪明，有的人一张口就知他有多糊涂，所以人说话可要慎重，不能信口开河。咱们的老师，高不可攀，像天，凭梯子是爬不上去的。如果要咱们的老师去治国，他教人立足，人就立足；他教人行动，人就行动。他安民，则天下之民来

归；他动员民众，民众则同心协力。他活着，人们以他为荣；他死了，人们为他哀悼。咱们的老师已经到了这种境界，我怎么可能与他相比呢？

画蛇添足 在孔子眼里，子贡不是最好的学生；在子贡眼里，孔子却是最好的老师。前文子贡说，孔子犹如日月，不可逾越；本篇，子贡说老师，如天，高不可攀。当下，人造卫星、宇宙飞船早已上天，人类也早登上月球，但有人超越孔子了吗？超越孔子，比登天还难，子贡这一千年之见、万年之见，恐怕也是无人能超越的。

尧曰·不知命

子曰：不知命，无以为君子也；不知礼，无以立也；不知言，无以知人也。

鹦鹉学舌　不知天命之不可违，就做不成君子；不懂礼仪法度，就无以立身处世；不辨是非之言，就难以知人。

画蛇添足　这是《论语》的最后一篇。孔子的弟子们编辑《论语》时为什么要把此篇作为结束之篇呢？《周易》有言："仁者见之谓之仁，知者见之谓之知。"——那好，就仁者见仁，智者见智吧。

2018年12月9日着笔，2019年2月2日搁笔，共计56天，业余加废寝忘食，《论语微阅读》就算结束了。眼睛模糊了，右胳膊也抬不起来了……

我该休息了。哦，已是腊月二十八了，该过年了。

2019年2月2日星期六13时56分。